Knaur

W0202816

Slow Carb Drinks

80 Superrezepte zum Abnehmen

www.knaur-ratgeber.de

Knaur

Michael van Straten

Slow Carb Drinks

80 Superrezepte zum Abnehmen

www.knaur-ratgeber.de

Wichtiger Hinweis
Die im Buch veröffentlichten Ratschläge wurden mit größter Sorgfalt von Verfasser und Verlag erarbeitet und geprüft. Eine Garantie kann jedoch nicht übernommen werden. Ebenso ist eine Haftung des Verfassers bzw. des Verlages und seiner Beauftragten für Personen-, Sach- oder Vermögensschäden ausgeschlossen.

Titel der englischen Originalausgabe: Low Carb Super Drinks, erschienen 2005 by Mitchell Beazley, an imprint of Octopus Publishing Group, Ltd., 2–4 Heron Quays, Docklands, London E144JP

Bibliografische Information Der Deutschen Bibliothek
Die Deutsche Bibliothek verzeichnet diese Publikation in der Deutschen Nationalbibliografie; detaillierte bibliografische Daten sind im Internet über http://dnb.ddb.de abrufbar.

Projektleitung: Franz Leipold
Übersetzung: Wiebke Krabbe, Damlos
Redaktion: Helene Weinold, Altenmünster-Violau
Herstellung und Satz: Dagmar Guhl
Umschlagkonzeption: Zero Werbeagentur, München

Printed in China

ISBN 3-426-64225-5

Inhalt

Einleitung

In diesem Buch lernen Sie köstliche und wunderbar gesunde Getränke kennen, die sich leicht in den Ernährungsplan der Familie integrieren lassen. Das Besondere an den Rezepten ist, dass sie alle wenig Kohlenhydrate enthalten.

Wer einige Pfund abnehmen möchte, sollte sich langfristig auf eine kalorienärmere Ernährung umstellen und mehr Energie durch Bewegung verbrennen. Extreme Einschränkungen, Crash-Diäten oder Ersatzprodukte für Mahlzeiten sind keine Dauerlösung, weil man sie langfristig gar nicht durchhalten kann. Sie fördern nur den Jo-Jo-Effekt: Nach jeder neuen Radikaldiät sind die Pfunde schnell wieder da, und oft einige mehr.

Ernährungskonzepte mit hohem Proteinanteil und stark eingeschränktem Kohlenhydratanteil gab es lange vor Dr. Atkins. Als junger Arzt in den 1960er Jahren entwickelte ich selbst ein solches Programm. Nach wenigen Monaten gab ich es aber wieder auf, weil sich Nebenwirkungen einstellten: Ketose (eine Störung der Körperchemie), Mundgeruch und Darmträgheit. Ich stellte auch fest, dass meine Patienten ungewöhnlich große Mengen gesättigter Fette verzehrten, die wiederum den Blutdruck in die Höhe treiben und das Risiko von Herzkrankheiten und Schlaganfällen erhöhen. Heute ist wissenschaftlich nachgewiesen, dass eine solche Ernährung durch eine Beschleunigung des Knochenabbaus das Osteoporose-Risiko erhöht und zudem schwere, irreversible Nierenschäden verursachen kann.

Die Getränke, die meine Frau und ich für dieses Buch entwickelt haben, sind eine ideale Kompromisslösung. Sie enthalten wenige, sehr wenige oder gar keine Kohlenhydrate und eignen sich damit zur Reduzierung der Kalorienzufuhr parallel zu einer ausgewogenen Reduktionsernährung. Auf den folgenden Seiten finden Sie großartige Alternativen zu den handelsüblichen Limonaden, Erfrischungsgetränken, Smoothies und anderen Produkten, die man in Flaschen und Dosen kaufen kann. Alle Rezepte sind minutenschnell zubereitet und erleichtern den Verzicht auf acht Teelöffel Zucker, große Mengen fragwürdiger synthetischer Süßstoffe und all

die chemischen Farb-, Geschmacks-, Konservierungs- und Verdickungsstoffe, die in den kommerziellen Produkten enthalten sind.
Selbst gemachte Limonaden und Erfrischungsgetränke beweisen, wie köstlich gesunde Getränke sein können. Sie finden in diesem Buch aber auch Shakes und Smoothies mit reichlich Kalzium, Kräutertees gegen allerlei Beschwerden (von Schlaflosigkeit über Halsschmerzen, PMS und Wassereinlagerungen bis Arthritis) und Getränke, die sich als Zwischenmahlzeit eignen: voll von Nährstoffen, wertvollen Enzymen und Stoffen, die das Immunsystem auf Touren bringen. Einige Rezepte haben einen hohen Gehalt an Antioxidanzien. Diese Zutaten besitzen die Fähigkeit, freie Radikale einzufangen, und gelten als beste natürliche Vorbeugung gegen Herzkrankheiten, Schlaganfall, Krebs und Alterungserscheinungen.
Sehr wichtig ist die Unterscheidung zwischen guten und schlechten Kohlenhydraten. Gut oder wertvoll sind diejenigen, die in möglichst naturbelassener Form verzehrt werden, etwa Vollkorngetreide, natürlicher Fruchtzucker und lösliche Faserstoffe aus Obst und Gemüse.
Außerdem werden Kohlenhydrate entsprechend ihrem glykämischen Index (GI oder Glyx) klassifiziert. Dieser gibt an, wie schnell sie in Einfachzucker umgewandelt werden und so die Ausschüttung von Insulin in die Blutbahn auslösen. Lebensmittel mit hohem GI, etwa Traubenzucker (Glukose), Weißmehl und alle raffinierten Kohlenhydrate, haben sofortige Wirkung auf den Insulinspiegel. Diese Produkte mit hohem GI erhöhen das Risiko für Übergewicht, Insulinresistenz und Diabetes-Typ-2. Lebensmittel mit niedrigem GI wie Vollkorngetreide, Gemüse, Nüsse und Samen sind wesentlich gesünder und darum sinnvoller. Erdnüsse und Erdnussbutter eignen sich durchaus für die Reduktionsernährung. Wie alle Produkte mit niedrigem GI geben sie ihre Energie langsam an den Organismus ab, man bleibt also länger satt und leidet nicht an Heißhunger auf Süßes.
Der **Kohlenhydratgehalt der Rezepte** in diesem Buch ist mit Gläsern gekennzeichnet.

 für sehr wenige oder keine Kohlenhydrate,

 für einen niedrigen Gehalt und

 für einen mäßigen Gehalt.

Früh

Das Frühstück ist definitiv die wichtigste Mahlzeit des Tages. Im Gegensatz zu allen anderen Mahlzeiten geht ihm eine lange Fastenpause voraus, in der der Blutzuckerspiegel stark absinkt. Der Körper braucht also Treibstoff und Energie für einen Vormittag voller Arbeit. Neben den Batterien des Körpers werden aber auch die des Geistes aufgeladen. Ein gutes, ausgewogenes Frühstück wirkt sich direkt auf die Leistungsfähigkeit aus, ob Sie nun studieren, die Buchhaltung erledigen, mauern, gärtnern oder eine der

Amway
Zeit für mich
Amway – Einkaufen leicht gemacht. Anstatt lange an der Kasse zu stehen, lasse ich es mir gut gehen.
Dank meinem Amway Vertriebspartner genieße ich einen Rundumservice mit individueller Beratung und persönlicher Lieferung. Mit großartigen Produkten für Schönheit, Wellness und mein Zuhause – Zufriedenheitsgarantie inklusive. Endlich Zeit für mich.
089 / 800 94 380
30 Jahre Amway Deutschland
Amway GmbH · www.amway.de

Frühlings-Diät:

Fruchtig-Frisches für zwischendurch

Ideal als Zwischenmahlzeit oder leichter Abendsnack. Ob Joghurt, Quarkspeise oder Drink: nur eine Grundzutat, jeweils dreimal abgewandelt.

Schoko-Mango-Joghurt

Möhren-Bananen-Drink

Pepper-Nuss-Quark

Joghurt
jeweils 1 Portion

Mokka-Minze-Joghurt
150 g Joghurt (1,5 % Fett), 1–2 TL Instant-Espresso-Pulver und 1 TL Ahornsirup (oder Honig) verrühren. 4–5 Minzestängel fein hacken und unterrühren (ca. 115 kcal, 2 g Fett).
SMS-Kennziffer 070635

Erdbeer-Orangen-Joghurt
150 g Joghurt (1,5 % Fett), 1 EL Orangenmarmelade und 1 TL geschroteten Leinsamen verrühren und mit 100 g Bio-Erdbeeren in Scheiben anrichten (ca. 180 kcal, 3 g Fett).
SMS-Kennziffer 070633

Schoko-Mango-Joghurt
150 g Joghurt (1,5 % Fett) und 100 g Mangowürfel verrühren und mit 15 g Zartbitter-Schokokoladenraspeln und zerstoßenen rosa Pfefferbeeren bestreuen (ca. 225 kcal, 7 g Fett).
SMS-Kennziffer 070634

Quark
jeweils 2 Portionen

Apfel-Oliven-Quark
1 Apfel (150 g) raspeln und mit 1 EL Zitronensaft vermengen. 150 g Magerquark, 1 TL Olivenöl und 30 g gehackte Oliven verrühren. 2 EL Schnittlauchröllchen, Apfel und Saft unterrühren, mit Salz und Pfeffer würzen (pro Portion ca. 135 kcal, 4 g Fett).
SMS-Kennziffer 070636

Himbeer-Ingwer-Quark
150 g angetaute TK-Himbeeren und 150 g Magerquark verrühren. 3 Ingwerwürfel in Edel-Zartbitter-Schokolade (24 g; Reformhaus) grob hacken und unter den Quark ziehen (pro Portion ca. 130 kcal, 2 g Fett).
SMS-Kennziffer 070637

Pepper-Nuss-Quark
2–3 eingelegte Mini-Paprika (Peppadews) in feine Streifen schneiden. 150 g Magerquark und 1–2 EL Milch (1,5 % Fett) verrühren. Paprika, 3 gehackte Walnusskerne und 2 EL Schnittlauchröllchen unterrühren und mit Kräutersalz und Pfeffer abschmecken (pro Portion ca. 115 kcal, 4 g Fett).
Tipp: Peppadews, pikant-süße Mini-Paprika, gibt es im Glas oder an der Gemüsetheke.
SMS-Kennziffer 070638

Drinks
jeweils 1 Portion

Zimt-Ananas-Drink
1 Limette auspressen und mit 100 g Ananasstücken, ½ TL gemahlenem Zimt und 150 ml Sojadrink oder Kefir (1,5 % Fett) pürieren. Auf Eis servieren (ca. 160 kcal, 4 g Fett).
SMS-Kennziffer 070639

Möhren-Bananen-Drink
100 ml Möhrensaft, 60 g Banane in Scheiben und 100 ml Sojadrink oder Kefir (1,5 % Fett) pürieren und mit 1 Physalis anrichten (ca. 165 kcal, 3 g Fett).
SMS-Kennziffer 070640

Tomaten-Drink
100 ml Sojadrink oder Kefir (1,5 % Fett), 75 ml Orangensaft, 75 ml Tomatensaft und 3–4 Basilikumstängel pürieren und mit Tabasco pikant abschmecken (ca. 90 kcal, 2 g Fett).
SMS-Kennziffer 070641

stücks

Drinks

komplexesten Aufgaben überhaupt bewältigen – einen Haushalt und eine Familie managen. Die Getränke in diesem Kapitel enthalten reichlich Nährstoffe und gesunde, schützende, sekundäre Pflanzenstoffe. Essen Sie dazu komplexe Kohlenhydrate wie Vollkornbrot oder hochwertige Cerealien, und Ihr Frühstück ist perfekt. Um bis zum Mittag optimal zu funktionieren, braucht Ihr Körper morgens Energie, die langsam freigegeben wird, und eine gemäßigte Portion Proteine.

Bis gleich

Salat wirkt reinigend, kühlend und mild entwässernd. Durch ihn ist dieser Saft eine Wohltat für das Verdauungssystem, die Augen und die Haut.

1–2 Portionen
3 ungeschälte Möhren, möglichst aus Bioanbau, Spitze und Blattansatz entfernt
1 kleines Bund Schnittlauch
1 kleines Bund Koriander
1 kleiner Romana-Salat

1 Alle Zutaten gründlich waschen und in einen Entsafter geben, etwas Schnittlauch beiseite legen.
2 Den Saft gut durchrühren.
3 Den Schnittlauch mit der Schere in Röllchen schneiden, den Saft damit garnieren.

Vitalstoff- und Kohlenhydrat-Bilanz

Kalorienbewusste wissen, dass Salat zu 95 % aus Wasser besteht und kaum Kalorien enthält – wohl aber verblüffend viele Nährstoffe. Dieses Getränk mit **minimalem Anteil Stärke** und **wenig natürlichem Zucker** aus den Möhren ist reich an **Vitamin A** und **Carotinoiden** und enthält zudem viel **Kalium** und **Folsäure**. Außerdem liefert es wertvolles **Vitamin C** und **B**, **Eisen** und **Jod**. Mit den **antiseptischen** und **antifungalen** Schwefelbestandteilen des Schnittlauchs, den **entwässernden** und **beruhigenden** Ölen des Salats und den **verdauungsfördernden** Inhaltsstoffen des Korianders ist dies eine hoch wirksame, **entschlackende** Mischung.

Auf geht's

Dies ist ein echter Muntermacher. Wählen Sie voll ausgereifte Tomaten, sie enthalten die meisten Nährstoffe. Die wenigsten Menschen wissen, dass Tomaten zur Familie der Nachtschattengewächse gehören – ebenso wie Kartoffeln, Paprika und Auberginen. Personen mit rheumatoider Arthritis sollten Nachtschattengewächse generell meiden; wer an Osteoarthritis leidet, kann sie aber bedenkenlos verzehren. Das i-Tüpfelchen ist etwas Seetang-Pulver (erhältlich in gut sortierten Bioläden), das vor dem Servieren eingerührt wird.

1-2 Portionen
4 mittelgroße Tomaten
30 g frische Ingwerwurzel
1 Selleriestange mit Blättern
1 kleine Süßkartoffel, ungeschält
2 TL Seetang-Pulver

1 Die ersten vier Zutaten waschen und entsaften.
2 Den Saft gut durchmixen.
3 Das Seetang-Pulver einrühren.

Vitalstoff- und Kohlenhydrat-Bilanz

Süßkartoffeln enthalten neben **Stärke** viele wertvolle Nährstoffe. Dieser Drink ist äußerst reich an **Vitamin C**, **Beta-Carotin**, **Lycopin** und **Jod**, daneben enthält er **Kalium** und **Folsäure**. Der Saft hat durch die **Carotinoide** und das Vitamin C schützende Eigenschaften, liefert aber auch **Kumarinverbindungen** aus Sellerie, die den Kreislauf anregen, die Schutzfunktion der weißen Blutkörperchen verbessern und den **Blutdruck senken**. Das Seetang-Pulver ist reich an Jod, das die **Schilddrüse anregt** und den Organismus ankurbelt. Genau das braucht man am Morgen.

Kickstarter

Wenn Sie gerade eine Grippe oder Erkältung überstanden waren, sich von einer Krankheit oder Operation erholen oder einfach nach einer anstrengenden Stress- oder Arbeitsphase ausgepowert sind, brauchen Sie diesen Drink. Das Kraftpaket auf Tomatenbasis steckt voller Vitalstoffe und Energie, schmeckt fast wie eine Suppe und wirkt wie eine Energiespritze. Obendrein ist der Saft leicht verdaulich und wird mit seinem herzhaften Aroma auch Anspruchsvolle überzeugen. Diesen Drink werden Sie sicherlich öfter genießen wollen.

4 Portionen
300 ml Gemüsebrühe (Rezept Seite 97, alternativ salzarmes Würfel- oder Granulat-Fertigprodukt)
200 ml Milch
400 g gewürfelte Tomaten (aus der Dose)
1 große Zwiebel, geschält und fein gerieben
20 g Sago

1 Alle Zutaten in einen großen Topf geben.
2 Eine Stunde köcheln lassen.
3 Abgießen und in Bechern servieren.

Vitalstoff- und Kohlenhydrat-Bilanz

Tomaten sind unter allen Lebensmitteln der beste **Lycopin**-Lieferant. Dieser Vitalstoff aus der Gruppe der Carotinoide besitzt besonders **schützende Eigenschaften** und bringt bei Energiemangel **neuen Schwung**. Sago wird aus dem stärkehaltigen Mark der Sagopalme gewonnen und ist ein schnell verdaulicher **Energielieferant**, der kleine Mengen komplexer Kohlenhydrate enthält. **Mineralien** aus der Gemüsebrühe sowie **Kalzium** und **B-Vitamine** aus der Milch liefern ebenfalls **Energie**.

Augen-Öffner

Im Zeitalter von Computer und Fernsehen wird der Schutz der Augen immer wichtiger. Die Hauptursache für Sehschwächen und Erblindung bei älteren Menschen ist die altersbedingte Makuladegeneration (AMD). Neue Untersuchungen weisen auf einen Zusammenhang der Erkrankung mit geringer Aufnahme spezieller Carotinoide hin. Wer reichlich von diesen Nährstoffen zu sich nimmt, kann folglich sein AMD-Risiko erheblich reduzieren.

2 Portionen

4 ungeschälte Möhren, möglichst aus Bioanbau, Spitze und Blattansatz entfernt
1 Bund Brunnenkresse
2 Kohlblätter
1 Hand voll Spinatblätter
1 kleine Hand voll Petersilie mit Stielen

1 Alle Zutaten waschen und entsaften.
2 Vor dem Servieren gut durchrühren.

Vitalstoff- und Kohlenhydrat-Bilanz

Der ideale Frühstücksdrink vor einem Tag am Bildschirm – im Büro, an der Universität oder in der Schule. Er enthält wenig Kohlenhydrate, aber reichlich **Vitamin A**, **Beta-Carotin** und andere wertvolle Carotinoide, außerdem Vitamin C und E, **Folsäure** und **Eisen**. Die alte Weisheit, dass Möhren Nachtblindheit vorbeugen, ist kein Ammenmärchen. **Beta-Carotin** ist wichtig für das Sehvermögen im Dunkeln. Andere Carotinoide wie **Lutein** und **Xeaxanthin** aus Spinat und Kohl schützen vor altersbedingter Makuladegeneration. Trinken Sie diesen Saft regelmäßig, um die **Augen zu schützen** und gesund zu halten.

Möhren-Koriander-Blitz

Möhren und Koriander sind gute Partner für eine wunderbar aromatische und gesunde Suppe, aber auch für einen Frühstücksdrink. Möhren gelten als Allerweltsgemüse, dabei enthalten sie viele wertvolle Stoffe. Sie harmonieren gut mit dem pfeffrigen Aroma des Korianders, der immer öfter frisch zu bekommen ist. Der Drink ist in Minuten fertig, steckt aber voller Faserstoffe, Vitamine und Mineralien. Er sättigt (ohne viele Kalorien) und tut auch dem Blut gut.

2 Portionen

500 ml Möhrensaft (es ist wesentlich preiswerter, den Saft selbst herzustellen; Sie können aber auch ein gutes Fertigprodukt verwenden)
1 TL gemahlener Koriander
2 Hand voll frischer Koriander

1. Den Möhrensaft in einen Topf geben.
2. Den gemahlenen Koriander zufügen.
3. Den frischen Koriander waschen, in grobe Stücke zupfen und dazugeben.
4. Durchwärmen, dann 5 Minuten köcheln lassen.
5. Vor dem Servieren die Korianderblätter mit einem Schaumlöffel entfernen.

Vitalstoff- und Kohlenhydrat-Bilanz

Möhren enthalten wenig Stärke, aber etwas **natürlichen Zucker**. Im Saft ist der Stärkegehalt noch geringer. Für dieses Rezept sollten Sie keine jungen Frühlingsmohrrüben verwenden, sondern lieber Wintermöhren, die mit ihrem höheren Gehalt an **Beta-Carotin** den **Kreislauf anregen**. Wenn Möhren reifen, intensiviert sich auch ihre Farbe – ein Anzeichen für den höheren **Nährstoffgehalt**. Samen und Blätter des Korianders enthalten **Linalool**, **alpha-Pinene** und **Coriandrol**, die ebenfalls den Kreislauf anregen. Bei selbst geernteten Samen ist aber Vorsicht geboten: Unreife Samen riechen und schmecken scheußlich. Nach der Ernte sollten sie bis zum ersten Verbrauch mindestens einen Monat lang in einem luftdicht schließenden Gefäß gelagert werden.

Pfirsich-Drink

Dieser köstliche, nahrhafte Smoothie enthält reichlich Antioxidanzien – natürliche Anti-Aging-Wirkstoffe. Er stärkt das Immunsystem und stabilisiert durch die hormonähnlichen Inhaltsstoffe des Soja-Joghurts auch den Hormonhaushalt. Selbst wer nicht so gern Sojaprodukte mag, sollte möglichst viel Soja-Joghurt in diesen Drink geben, weil das Pfirsicharoma dominiert.

1–2 Portionen
4 essfertige Trockenaprikosen
1 großer, reifer Pfirsich
2 große Orangen
30 ml Soja-Joghurt

1 Die Aprikosen (auch essfertige) mit kochendem Wasser gerade bedecken und 30 Minuten quellen lassen.
2 Den Pfirsich waschen, halbieren, entsteinen und das Fleisch in den Mixer hinzufügen.
3 Die Orangen auspressen und den Saft zum Pfirsichfleisch hinzufügen.
4 Die Aprikosen abtropfen lassen, in den Mixer geben und alles glatt pürieren.
5 Den Joghurt zufügen und kurz durchmixen.

Vitalstoff- und Kohlenhydrat-Bilanz

Dieser Drink enthält **fast keine Stärke** und hat einen **niedrigen glykämischen Index** – ideal für die kohlenhydratbewusste Ernährung. Trockenaprikosen enthalten wertvolle **Ballaststoffe** und **Eisen**, außerdem liefern sie **Beta-Carotin**. Einen Teil davon nutzt der Organismus als schützendes Antioxidans, einen Teil wandelt er in Vitamin A um. Auch der Pfirsich enthält Beta-Carotin. Die Orangen liefern den doppelten Tagesbedarf an **Vitamin C**. Alle Sojaprodukte enthalten **Isoflavone** (hormonähnliche Substanzen), die bei PMS und Hitzewallungen während der Menopause **lindernd wirken** und **vor Osteoporose schützen**.

Apfel-Power

Dieser frische Drink regt den Stoffwechsel an und fördert die Entschlackung. Daneben ersetzt er Mineralien, die durch körperliche Aktivität – beim Sport oder anderer Betätigung – verloren gegangen sind. Genießen Sie den Drink auf nüchternen Magen und essen Sie danach eine halbe Stunde lang nichts, damit der natürliche Fruchtzucker seine Wirkung entfalten kann.

1–2 Portionen
2 große Äpfel (Granny Smith), mit Schale und Kernen geviertelt
1 geschälte Limette (oder westindische Limette mit Schale)
6 Sauerampfer-Blätter
1 Zweig Minze mit Stielen
1 Hand voll Petersilie mit Stielen

1 Alle Zutaten waschen und entsaften.
2 Vor dem Servieren durchrühren.

Vitalstoff- und Kohlenhydrat-Bilanz

Ein **kohlenhydratarmer** Morgendrink, der als alleiniges Frühstück nicht ausreicht. Wählen Sie dazu eine Portion Proteine, vielleicht ein pochiertes Ei oder ein Stück Käse, sowie etwas Roggenbrot oder Reiscracker. Der Drink enthält sehr viel **Vitamin A, C, E, B_6** und **Folsäure**, viel **Magnesium** und **Kalium** sowie etwas **Kalzium** und **Eisen**. Die löslichen Faserstoffe der Äpfel und die **natürlichen Öle** der Minze wirken positiv auf das Verdauungssystem. Sie beruhigen und **regen die Darmtätigkeit** an. Sauerampfer wird von den amerikanischen Indianern seit Jahrhunderten zur **Krebsvorbeugung** verwendet. Auch **Limonen**, das natürliche Pigment der Limette, schützt vor Krebs. Dies ist ein Glas voll geballter Gesundheit.

Bananen mit Pep

Nicht skeptisch sein – probieren! Das Rezept mag an eine seltsame Mischung aus Bloody Mary und Bananensplit erinnern, schmeckt aber verblüffend gut. Viele Menschen können sich warmen Tomatensaft nicht vorstellen, andererseits hat aber kaum jemand etwas gegen heiße Tomatensuppe einzuwenden. Wer die einzelnen Zutaten mag und morgens etwas Sättigendes schätzt, sollte sich selbst einmal mit diesem Rezept überraschen.

2 Portionen
2 kleine Bananen, geschält
500 ml Tomatensaft
2 Spritzer Worcestershiresauce

1. Die Bananen mit etwas Tomatensaft in einem kleinen Mixer glatt pürieren.
2. Den restlichen Tomatensaft in einen Topf geben.
3. Das Bananenpüree zufügen und unter ständigem Rühren vorsichtig erwärmen.
4. Den Drink in Becher gießen.
5. Mit einem Spritzer Worcestershiresauce gewürzt servieren.

Vitalstoff- und Kohlenhydrat-Bilanz

Der enorme gesundheitliche Wert der Bananen wiegt ihren **mittleren Kohlenhydratgehalt** unbedingt auf. Dieser Drink bietet **geballte Kraft** im Becher. Ob Sie an allgemeiner Abgeschlagenheit, Hormonschwankungen, Schlafmangel oder Stressbelastung bei der Arbeit leiden: Bananen liefern alles, was Sie brauchen: **B-Vitamine**, **Kalium**, **Faserstoffe** und leicht verfügbare **Energie**. **Lycopin** aus Tomaten hat eine Schutzfunktion, **Zink** aus der würzigen Worcestershiresauce regt an. Was braucht man mehr, um sich in den Tag zu stürzen?

Dschungel-Smoothie

Mit diesem herrlich aromatischen Drink geben Sie Ihrer Familie eine große Portion natürliche Schutzstoffe mit auf den Weg zur Arbeit und in die Schule. Sie sind besonders im Herbst und Winter wichtig, wenn wir Gefahr laufen, von anderen Menschen mit Grippe- und Erkältungserregern angesteckt zu werden. Der Smoothie bietet sich auch an, wenn bis zur nächsten Mahlzeit eine längere Zeit überbrückt werden muss oder wenn man Energie, aber keine schwere Mahlzeit braucht – etwa vor dem Sport.

2 Portionen
1 große Mango
2 Bananen
400 ml Naturjoghurt mit lebenden Kulturen

1 Die Mango schälen, entsteinen und würfeln.
2 Die Bananen schälen und in Scheiben schneiden.
3 Alle Zutaten in einen Mixer geben und glatt pürieren.

Vitalstoff- und Kohlenhydrat-Bilanz

Der Drink mit dem niedrigen glykämischen Index enthält nur **wenig Stärke** aus den Bananen – eine gute **Kraftreserve** für den Vormittag. Die Mango sorgt für reichlich **Beta-Carotin**, **Flavonoide**, **Kalium**, Antioxidanzien und **Vitamin C**. Die Bananen steuern **Kalium**, schnell und langsam verfügbare **Energie** sowie **Vitamin B_6** bei, und die lebenden Organismen des Joghurts stärken die **Widerstandskraft**. Das Schälen der Mango ist etwas mühsam, lohnt sich aber.

Morgen-Kraftpaket

Dieser Saft ist nichts für zart Besaitete und eignet sich auch nicht, um neue Freunde zu gewinnen oder alte zu beeinflussen. Er steckt jedoch voller Vitalstoffe: schützende Gemüse mit dem würzigen Pep von Knoblauch, Rettich und Chili. Rund ums Jahr stärkt er das Immunsystem und liefert reichlich Schutzstoffe. Er schmeckt besser, als man denken möchte, sollte aber nur unter guten Freunden genossen werden.

1–2 Portionen

1 Knoblauchzehe, geschält
2 ungeschälte Möhren, möglichst Bioanbau, Spitze und Blattansatz entfernt
1 mittelgroße Tomate
1 Süßkartoffel, gründlich gebürstet und mit Schale in Stifte geschnitten
1 Jalapeño-Chili, entkernt
1 Selleriestange mit Blättern
1 Stück weißer Rettich (ca. 7,5 cm lang)

1 Alle Zutaten waschen und gemeinsam entsaften.

2 Vor dem Servieren durchrühren.

Vitalstoff- und Kohlenhydrat-Bilanz

Der Wert dieses Ganzjahres-Gesundheitspakets entschädigt für den **geringen Kohlenhydratanteil** der Möhren und der Süßkartoffel. Der Drink enthält sehr viel **Vitamin A**, **C** und **E**, Carotinoide und **Kalium**, viel **Vitamin B6**, Folsäure, **Magnesium**, Eisen und andere **B-Vitamine**. Es ist ein Frühstück im Glas. Knoblauch hat eine wichtige **Schutzfunktion** vor Herz- und Kreislaufkrankheiten, Atemwegserkrankungen sowie Bakterien- und Pilzinfektionen. Auch Ingwer tut dem **Herzen** und – gemeinsam mit der Jalapeño-Chili – den **Gelenken** gut. Rettich schützt die **Leber**.

Pikante Spinatmilch

Schon vor über 5000 Jahren wurde Ingwer von chinesischen Ärzten und Heilern als Arznei und als Stärkungsmittel für den Kreislauf geschätzt. Zusammen mit Spinat, dem legendären Kraftpaket, ist dies ein weiterer suppenähnlicher Drink, der zum Frühstück alles liefert, was man zu einem guten Start in den Tag benötigt.

2 Portionen
900 g Spinatblätter
1 TL gemahlener Ingwer sowie 2 Prisen zur Dekoration
200 g fettarmer Quark
300 ml Magermilch

1 Den Spinat waschen, in einen Topf geben und mit Wasser bedecken.
2 Den Ingwer unterrühren.
3 Leicht erhitzen, bis die Spinatblätter weich sind.
4 In einen Mixer geben, den Quark hinzufügen und cremig rühren.
5 Das Ganze zurück in den Topf füllen, die Magermilch zugeben und erhitzen.
6 Den Drink mit etwas gemahlenem Ingwer dekorieren und servieren.

Vitalstoff- und Kohlenhydrat-Bilanz

Dieser weitgehend **stärkefreie** Slow-Carb-Drink ist der ideale Start in den Tag. Ingwer enthält **ätherische Öle**, die Arterienverkalkung vorbeugen, die Haut wärmen und den **Kreislauf anregen**. Spinat unterstützt dank seines hohen Gehalts an **Carotinoiden** alle Abwehrfunktionen des Körpers. Ferner enthält der Drink sehr viel **Kalzium**, das nicht nur vor Osteoporose schützt, sondern auch wichtig für die **Reizleitung** in den Nerven, einen gesunden **Blutdruck** und ein gut arbeitendes **Herz** ist.

Pflaumen-Crème

Genießen Sie dieses aromatische Rezept ganz nach Geschmack als cremigen Drink oder dickflüssigen Smoothie. In jedem Fall stärken Pflaumen, Äpfel und Trauben die Abwehrkräfte des Körpers. Mascarpone macht den Drink gehaltvoll, weil er wertvolle Stoffe für den Körperaufbau liefert – ideal für Menschen, die eine Extraportion Energie brauchen.

1–2 Portionen
10 essfertige Trockenpflaumen ohne Stein
1 großer Dessertapfel
225 g helle, kernlose Trauben
115 ml Mascarpone
stilles Mineralwasser

1 Die Pflaumen in einer Schüssel gerade mit kochendem Wasser bedecken und 30 Minuten quellen lassen.
2 Inzwischen Apfel und Trauben waschen. Den Apfel entkernen und vierteln, zusammen mit den Trauben entsaften. Einige Trauben zur Dekoration aufbewahren.
3 Den Saft in einen Mixer geben.
4 Die Pflaumen abgießen und zum Saft geben.
5 Alles cremig pürieren.
6 Mascarpone zufügen und nochmals durchmixen.
7 Wenn die Mischung zu dickflüssig ist, nach Belieben mit stillem Mineralwasser verdünnen.
8 Vor dem Servieren mit einigen Trauben garnieren.

Vitalstoff- und Kohlenhydrat-Bilanz

Obwohl der Drink süß schmeckt, enthält er **extrem wenig Stärke**, liefert aber viel **Energie**. Was braucht man mehr zum Frühstück? Die Pflaumen enthalten große Mengen von **Antioxidanzien**, genug für einen ganzen Tag. Auch der **natürliche Zucker** der Trauben und die Cholesterin senkenden **Pektine** der Äpfel tragen zum Gesundheitswert dieses Drinks bei. Mascarpone liefert zusätzlich **Kalzium**, **Zink** und **Proteine** – ein wahrhaft königliches Frühstück.

Fruchtiger Weckruf

Entfernen Sie beim Schälen der Grapefruit und Orangen nicht zu viel von der weißen Innenschale, denn sie enthält viele Bioflavonoide. Wer sehr dünnhäutige Zitronen findet, braucht sie eventuell gar nicht zu schälen. Probieren Sie aber vorsichtshalber zuerst, ob die Schale nicht zu bitter ist.

2 Portionen

1 unbehandelte Zitrone, ungeschält (nur bei dünner Schale)
2 Orangen, geschält, weiße Innenschale entfernt
2 Grapefruits*, geschält, weiße Innenschale entfernt

*** Wer Medikamente einnimmt, sollte vor dem Genuss größerer Portionen Grapefruitsaft seinen Arzt befragen.**

1 Alle Zutaten in den Entsafter* geben.
2 Vor dem Servieren gut durchrühren.

* Wenn Sie keinen Entsafter haben, pressen Sie die Früchte von Hand aus. Dabei gehen einige Nährstoffe verloren, doch nicht der köstliche Geschmack.

Vitalstoff- und Kohlenhydrat-Bilanz

Der Drink mit dem **mittleren Kohlenhydratgehalt** ist sehr reich an **Vitamin C** und **Kalium**, daneben enthält er wertvolles **Kalzium**. Nicht nur der Vitamin-C-Gehalt macht den Wert dieses Rezeptes aus, sondern die schützenden **Flavonoide**, die die körpereigene Abwehr gegen Bakterien und Viren stärken und auch der **Krebsvorbeugung** dienen. Ganz nebenbei bekommen Sie noch eine gute Portion **Folsäure** und **Vitamin A**.

Quittentee

Quittengelee ist nicht ganz einfach zu bekommen, doch in gut sortierten Supermärkten wird man meist fündig. Das wunderbare Gelee mit dem intensiven, klaren Geschmack war schon im Mittelalter sehr beliebt. Kapuzinerkresse-Blüten werden manchmal im Gemüsehandel angeboten. Natürlich gibt es sie auch im Gartencenter – und man kann sie problemlos selbst ziehen.

2 Portionen
2 Beutel Earl Grey Tee
2 gehäufte TL Quittengelee
2 Kapuzinerkresse-Blüten

1 Den Tee in zwei Bechern aufbrühen.
2 Das Gelee zerkleinern und durch kräftiges Rühren im heißen Tee auflösen.
3 Den Tee mit gewaschenen Kapuzinerkresse-Blüten garnieren.

Vitalstoff- und Kohlenhydrat-Bilanz

Die kleine Menge Zucker, die im Quittengelee enthalten ist, fällt in diesem fast **kohlenhydratfreien Getränk** kaum ins Gewicht. Earl-Grey-Tee erhält sein unverwechselbares Aroma durch **Bergamotte**, die ihm auch den kräftigen, unterschwellig romantischen Duft verleiht. Durch die Kombination aus dem **pfeffrigen** Geschmack der Kapuzinerkresse und dem **sinnlichen** Aroma des Quittengelees ist dies das ideale Getränk für ein spätes Sonntagsbrunch.

Erfrisc

Mit den ersten Sommertagen bricht die Epidemie aus. Überall sieht man Menschen mit Dosen voll so genannter Erfrischungsgetränke. Dabei kann ich mir nichts vorstellen, was weniger erfrischend wäre als klebrig süßes Wasser mit Zucker, Süßstoffen, künstlichen Aromen und anderen schädlichen Chemikalien. Eine Dose eines durchschnittlichen Colagetränks enthält etwa zehn Teelöffel Zucker. Und wer glaubt, mit einer zuckerfreien »Light-Version« besser bedient zu sein, irrt sich. Die meisten Kinder nehmen bereits mehr künstliche Süßstoffe zu sich, als für einen Erwachsenen empfohlen werden. Wissenschaftler weisen auf Langzeitschädigungen der Gesundheit hin. Verhaltensauffälligkeiten, Karies, Übergewicht und Diabetes sind typische, ernsthafte Folgen des hohen Verzehrs. Viele solcher Getränke verursachen aber auch Kalziumverlust und erhöhen so das Risiko für Osteoporose im späteren Leben.

hende

Drinks

Wer auf der Suche nach gesunden Getränken für sich und seine Familie ist, sollte nicht in den Regalen der Supermärkte suchen, sondern in diesem Buch. Hier finden Sie tolle Drinks mit niedrigem Kohlenhydratgehalt, die viel erfrischender sind als Fertigprodukte und obendrein voll gesunder Nährstoffe stecken. Gewiss, die Zubereitung verlangt etwas Mühe, dafür sind die Drinks Fertigprodukten haushoch überlegen und obendrein viel preiswerter. Probieren Sie schnelle Tees, herrlich duftende Limonaden, köstlich frische Säfte, oder verwöhnen Sie Ihre Kinder mit gesunden Leckereien wie Heidelbeer-Himbeer-Schluck oder Melonen-Erdbeer-Drink. Schwelgen Sie in exotischen Aromen von Mango und Ananas oder experimentieren Sie mit Ungewöhnlichem wie der Mischung aus Möhren, Äpfeln, Radieschen, Zitrone, Roter Bete und Sauerkraut. Tatsächlich: Auch aus Sauerkraut lassen sich köstliche Drinks bereiten.

Duftende Limonade 

In England hat Limonade als Getränk für Kinder und Kranke Tradition. Diese Version jedoch stammt aus Amerikas tiefem Süden, wo man sie an heißen Nachmittagen Scarlett & Co. auf der schattigen Veranda servierte. Wer sich mit den Doppelbotschaften der wohlerzogenen jungen Damen auskannte, wusste genau, dass sich hinter einer Einladung auf ein Glas Limonade viel mehr verbergen konnte. Aber ehrlich gesagt, wer das Rezept einmal probiert hat, pfeift auf gute Manieren.

2 Personen
2 TL hellbrauner Zucker
2 Gewürznelken
1/4 TL gemahlener Zimt
1 unbehandelte Zitrone
6 Duftpelargonien-Blätter

1. Zucker, Gewürznelken und Zimt mit 500 ml Wasser in einen Topf geben.
2. Langsam zum Kochen bringen.
3. Die Zitronen auspressen, zwei dünne Schalenstreifen beiseite legen.
4. Den Saft in den Topf geben und nochmals aufkochen.
5. Die Pelargonienblätter von den Stielen zupfen, waschen und hinzufügen. Den Topf vom Herd nehmen und abgedeckt 5 Minuten ziehen lassen.
6. Abgießen.
7. Mit den Schalenstreifen garnieren und warm oder kalt servieren.

Vitalstoff- und Kohlenhydrat-Bilanz

Gewürznelken und Zimt enthalten **ätherische Öle**, die der Limonade ihren verführerischen Duft geben. Der milde, entspannende Duft des Zimt harmoniert gut mit dem **Eugenol** der Gewürznelken, das **sinnlich** und **anregend** wirkt. Den Duftpelargonien wird **aphrodisierende** Wirkung zugeschrieben.

Kühl und frisch

Die Mischung aus Zitrusfrüchten in Orange, Rosa, Grün und Gelb fördert die Entschlackung von Leber und Darm. Der herbe Geschmack wirkt zu jeder Tageszeit ungemein erfrischend, der Drink eignet sich aber besonders gut als gesunder Muntermacher am Morgen. Und wenn Sie einmal nach einer durchfeierten Nacht nur schwer in Schwung kommen, killt dieser Drink auch jeden Kater.

3–4 Portionen

2 Orangen, geschält, die weiße Haut nicht entfernt
1 unbehandelte Zitrone, dünnschalige Frucht nicht schälen
1 Limette, geschält
1 rosa Grapefruit*, geschält, die weiße Haut nicht entfernt

*** Wer Medikamente nimmt, sollte vor dem Verzehr größerer Mengen Grapefruitsaft seinen Arzt befragen.**

1 Alle Früchte entsaften*.
2 Vor dem Servieren gründlich durchrühren.

* Wenn Sie keinen Entsafter besitzen, können Sie die Früchte von Hand auspressen.

Vitalstoff- und Kohlenhydrat-Bilanz

Superreich an **Vitamin C**, reich an **Vitamin A**; außerdem enthält der Drink wertvolles **Kalium** und **Kalzium**. Die Säure der Zitrusfrüchte bekämpft unerwünschte Bakterien im Verdauungstrakt und fördert die Vermehrung nützlicher, **probiotischer Darmbakterien**. Der Drink schmeckt nicht nur köstlich, er regt auch die **Verdauung** an. Wer Antibiotika nehmen musste, sollte ihn dreimal täglich genießen, um den Organismus wieder ins Gleichgewicht zu bringen.

Rosmarinade

Zitronen zählen zu den traditionellen Empfehlungen für Fasten- und Entschlackungskuren, weil ihr Saft entgiftend und leicht entwässernd wirkt. Dieses ungewöhnliche Rezept ergibt vier große Gläser wunderbar entschlackenden Saft. Rosmarin hellt die Stimmung auf und verbessert das Gedächtnis. Wer keinen Rosmarin im Garten hat, sollte ihn sich anschaffen – und sei es im Kübel, der an einem geschützten Platz ganzjährig im Freien stehen kann. Ein wunderbar erfrischender Drink, der auch noch beim Abnehmen hilft. Was kann man sich sonst wünschen?

4 Portionen
3 Zitronen
2 TL brauner Zucker
3 Zweige Rosmarin, gewaschen
400 ml Leitungswasser
850 ml Mineralwasser mit Kohlensäure

1 Die Zitronen waschen. Die Schale abreiben und mit Zucker, Rosmarin und Leitungswasser in einen Topf geben.
2 Langsam zum Kochen bringen. 10 Minuten köcheln, dann leicht abkühlen lassen.
3 Den Zitronensaft zufügen.
4 Vollständig abkühlen lassen.
5 Durch ein Sieb gießen und mit Mineralwasser verdünnen.

Vitalstoff- und Kohlenhydrat-Bilanz

Dieses Getränk ist viel gesünder als alle Schlankheitsdrinks, die man im Handel findet. Das **Vitamin C** der Zitronen bleibt weitgehend erhalten, weil der Saft erst nach dem Kochen zugegeben wird. Die Schale liefert wertvolle **Bioflavonoide**. Die Würze des Rosmarin harmoniert ausgezeichnet mit dem herben Zitronengeschmack. Rosmarin enthält **ätherische Öle** und **Flavonoide**, die direkt und positiv auf das **Gehirn** wirken.

Petersilien-Zitronentee

Auf den ersten Blick mag diese Kombination ungewöhnlich erscheinen, dabei ist der Unterschied zu indischem Schwarztee mit Zitrone gar nicht so groß. Petersilie hat in der Kräuterheilkunde eine lange Tradition, von der aber nur wenige Menschen wissen. Man kennt sie als mildes Würzkraut und Garnierung, und viel zu oft geht die frische Garnierung unberührt in die Küche zurück. Dabei leistet Petersilie viel mehr, denn sie hat wertvolle, schützende Eigenschaften – ebenso wie die Zitronen, die das Immunsystem mit reichlich Vitamin C und Bioflavonoiden stärken.

2 Portionen
3 unbehandelte Zitronen
1 großes Bund Petersilie
2 TL hellbrauner Zucker

1. Die Zitronen dünn schälen, die weiße Haut nicht entfernen.
2. Die Petersilie waschen und grob zerpflücken.
3. Zitronenschale und Petersilie mit dem Zucker und 340 ml Wasser in einen Topf geben.
4. Langsam aufkochen und unter Rühren den Zucker auflösen.
5. Etwa 5 Minuten köcheln lassen, dann durch ein Sieb gießen.
6. Die Zitronen auspressen, den Saft einrühren und servieren.

Vitalstoff- und Kohlenhydrat-Bilanz

Petersilie enthält reichlich der schützenden **Vitamine A** und **C**, außerdem blutbildendes **Eisen**, knochenstärkendes **Kalzium** und herzschützendes **Kalium**. Das Kraut, das in der römischen und griechischen Antike beliebt war, wirkt mild **entwässernd**, schützt die **Nieren** und beugt **Bluthochdruck** vor. Weil es die Ausscheidung von Harnsäure fördert, wirkt es vorbeugend gegen **Arthritis**, **Rheumatismus** und **Gicht**.

Würzige Ingwer-Zitrone

Dieses Getränk ist heiß und kalt gleichermaßen erfrischend. Süße Trauben und Orangen, herbe Zitronen und Limetten sowie ein Hauch scharfer Ingwer ergeben eine großartige Mischung, die die Geschmacksnerven neutralisiert und den Geist wach macht. Ob Sommer oder Winter: Nach einem Glas dieses kohlenhydratarmen Drinks fühlt man sich gleich viel frischer.

2 Portionen
1 Zitrone
1 Limette
2 Orangen
15 g frische Ingwerwurzel
170 g helle Weintrauben

1. Zitrone und Limette schälen, die weiße Haut nicht entfernen.
2. Die Orangen schälen, die weiße Haut nicht entfernen.
3. Den Ingwer reiben.
4. Die Trauben waschen.
5. Alle Zutaten entsaften.
6. Vor dem Servieren gut durchrühren.

Vitalstoff- und Kohlenhydrat-Bilanz

Superreich an **Vitamin C** und **Bioflavonoiden**, enthält außerdem **Carotinoide** und **Kalzium**. Durch den hohen Vitamin-C-Gehalt stärkt der Drink das **Immunsystem** und die Abwehrkräfte. Die **ätherischen Öle** des Ingwer regen den **Kreislauf** an und wirken **schleimlösend**, was vor allem bei Husten sehr angenehm ist.

Erdbeer-Kick

Als ich meine Frau das erste Mal schwarzen Pfeffer auf ihre Erdbeeren malen sah, dachte ich, sie sei verrückt. Doch dann probierte ich zaghaft – und verstand, was es mit diesem Trick aus dem Mittelmeerraum auf sich hat. Der Pfeffer verstärkt den Geschmack der Erdbeeren und lässt sie noch köstlicher schmecken. Gibt man noch saftig-reife Melone dazu, entsteht ein unvergesslicher Drink, der auch noch sättigt, weil die ganzen Früchte verwendet werden – ideal als Zwischenmahlzeit am Vormittag oder Nachmittag.

1–2 Portionen
1 Cantaloupe-Melone
225 g Erdbeeren
stilles Mineralwasser
frisch gemahlener schwarzer Pfeffer

1 Die Melone schälen und entkernen.
2 Die Erdbeeren waschen und putzen.
3 Beide Fruchtsorten zusammen im Mixer glatt pürieren.
4 Mit Mineralwasser auf die gewünschte Konsistenz verdünnen.
5 Auf jedes Glas etwas frisch gemahlenen schwarzen Pfeffer streuen.

Vitalstoff- und Kohlenhydrat-Bilanz

Melone liefert viel **Folsäure**, **Kalium** und **Vitamine**. Die Erdbeeren enthalten nicht nur große Mengen **Beta-Carotin**, sie lindern auch Arthritis-Beschwerden. Es ist ein Irrtum, dass Menschen mit Gelenkproblemen sie wegen ihrer Säure meiden sollten. Der Drink liefert **Faserstoffe** und schnell verfügbare **Energie**, weil beide Fruchtsorten reichlich **natürlichen Zucker** enthalten.

Paradies-Smoothie

Schon die Kombination von Mango, Ananas, Limette und Ingwer klingt paradiesisch, dazu tun diese Früchte auf lange Sicht viel für Ihre Gesundheit und Vitalität. Sie werden mit Bio-Joghurt zu einem kühlenden, schaumigen Drink aufgeschlagen, der belebend, erfrischend und schützend wirkt. Auch Kindern tut er gut, obwohl sie ihn meist ohne Ingwer lieber mögen. In der Frühschwangerschaft hilft Ingwer zuverlässig gegen morgendliche Übelkeit.

3–4 Portionen
1 Mango
1 Ananas
1 Limette
30 g frische Ingwerwurzel
140 ml fettarmer Bio-Joghurt mit lebenden Kulturen
1 Hand voll Eiswürfel

1. Die Mango schälen und entkernen.
2. Den Blattschopf der Ananas abschneiden, die Frucht schälen.
3. Die Limette schälen.
4. Alle drei Früchte und den Ingwer entsaften, dann alles in einen Mixer geben.
5. Joghurt und Eiswürfel zugeben und mit der Intervallschaltung so lange mixen, bis das Eis vollständig zerhackt ist.

Vitalstoff- und Kohlenhydrat-Bilanz

Superreich an **Vitamin A, C** und **Bioflavonoiden**, reich an **Kalzium**. Außerdem enthält der Drink B-Vitamine, **Phosphor**, **Kupfer**, **Eisen** und **Magnesium**. Für die umfassende Schutzwirkung dieses Drinks sorgen neben dem Enzym **Bromelain** aus der Ananas das Vitamin A der Mango sowie das Vitamin C und die Bioflavonoide der Limette. Nimmt man noch die nützlichen Bakterien des Joghurt hinzu, wird deutlich, warum dies eines der gesündesten **kohlenhydratarmen** Getränke ist.

Sommerdrink

Dieser köstliche, erfrischende Drink schmeckt nach Sommer und Sonne und liefert wertvolle Vitalstoffe. Er ist gut für die Verdauung und die Haut und gibt auch dem Immunsystem einen kräftigen Kick. Das orangefarbene Fleisch der Aprikosen und Pfirsiche enthält Beta-Carotin, die Mango liefert noch mehr von diesem gesunden Inhaltsstoff. Und zum Vitamin C der Orangen muss man nicht viel erklären.

4 Portionen
6 Aprikosen
6 Pfirsiche
1 Mango
2 Orangen

1 Aprikosen und Pfirsiche waschen und entsteinen.
2 Die Mango waschen und entsteinen.
3 Orangen schälen, die weiße Haut nicht entfernen.
4 Alle Früchte entsaften.
5 Durchrühren und gut gekühlt servieren.

Vitalstoff- und Kohlenhydrat-Bilanz
Hoher Gehalt an **Vitamin A** und **C**, außerdem liefert der Drink **Kalium**, **Kalzium** und **Magnesium**. Neben den wichtigen Vitaminen sind es vor allem die **Enzyme** und **Schutzstoffe**, die diesem Saft seinen **Gesundheitswert** geben. Er unterstützt die Bekämpfung von **Infektionen** der Atemwege und ist auch bei hohem **Blutdruck** empfehlenswert.

Zitronen-Ingwer-Drink

Meine Mutter schwor an heißen Sommertagen auf eine gute Tasse Tee. Als Kind konnte ich das nicht verstehen. Jetzt weiß ich es besser. Diese köstliche Kombination aus Ingwer und Zitrone ist eines der erfrischendsten Getränke, das Sie je probiert haben. Ganz nebenbei wärmt der Drink auch an kalten Wintertagen wunderbar durch.

1 Portion
1 Stück frische Ingwerwurzel (ca. 2,5 cm)
$^{1}/_{2}$ unbehandelte Zitrone

1 Den Ingwer schälen und reiben.
2 In ein Tee-Ei oder einen Becher geben.
3 200 ml kochendes Wasser zugießen.
4 Abgedeckt 10 Minuten ziehen lassen.
5 Die Zitrone auspressen, 2 Scheiben beiseite legen.
6 Den Ingweraufguss durch ein Sieb gießen, den Zitronensaft zufügen.
7 Mit Zitronenscheiben garniert servieren.

Vitalstoff- und Kohlenhydrat-Bilanz

In der westlichen Welt gilt Ingwer als herbes, wärmendes Gewürz, das man an süße und herzhafte Gerichte geben kann. Die chinesische Kräuterheilkunde sieht ihn ganz anders. Seit 7000 Jahren wird Ingwer dort als Würz- und **Heilmittel** verwendet. Die Inhaltsstoffe **Shogaol**, **Gingerol** und **Zingiberin** wirken anregend und fördern die **Durchblutung**, was vor allem bei Erfrierungen und Symptomen der Raynaud-Krankheit von Vorteil ist. Die **Bioflavonoide** der Zitrone stärken die **Gefäßwände**. Obendrein enthält dieser Drink absolut keine Kohlenhydrate.

Frischer Tomatensaft

Wer einmal diesen frischen Saft probiert hat, wird gekauften Tomatensaft stehen lassen. Ob aus der Dose oder dem Tetra-Pack: Fertiger Tomatensaft enthält fast immer Salz, dafür fehlt ihm das süßsaure Aroma frisch entsafteter Tomaten. Die Säure der Tomaten wirkt entschlackend, vor allem in Kombination mit dem entwässernden Sellerie und dem generell entgiftenden Knoblauch. Worcestershiresauce gibt Würze, doch für den besonderen Pfiff könnten Sie auch ein Gläschen Wodka zufügen.

2 Portionen
10 reife Tomaten
4 Stangen Sellerie mit Blättern
1 kleine Knoblauchzehe
2 Spritzer Worcestershiresauce

1. Die Tomaten in eine große Schüssel geben.
2. Mit kochendem Wasser übergießen und stehen lassen, bis sie kühl genug zum Anfassen sind.
3. Die Tomaten häuten.
4. Die Selleriestangen waschen und grob hacken, zwei Blätter beiseite legen.
5. Die Knoblauchzehe schälen.
6. Alle Zutaten entsaften.
7. Die Worcestershiresauce einführen.
8. Den Saft kalt stellen.
9. Mit Sellerieblättern garniert servieren.

Vitalstoff- und Kohlenhydrat-Bilanz

Reife Tomaten sind eine der besten Quellen für das Carotinoid **Lycopin**, das vor Herzkrankheiten und Prostatakrebs schützt. Der Saft liefert außerdem **Beta-Carotin**, reichlich **Kalium** sowie die **Vitamine C** und **E**. Der Sellerie trägt ebenfalls Kalium und Vitamin C bei und enthält außerdem Stoffe, die die natürliche **Wasserausscheidung** fördern.

Würzige Relax-Pause

Dieses enorm erfrischende Getränk enthält Koriander, der seit uralter Zeit als Würz- und Heilpflanze bekannt ist. Im Lauf der letzten 3500 Jahre hat er sich von Ägypten und China über ganz Asien und Nordafrika bis Europa verbreitet, wo er als Aphrodisiakum gilt. Kaufen Sie eine makellose, möglichst reife Ananas, die sich für ihre Größe auffallend schwer anfühlt. Lose sitzende Blätter im Schopf sind kein verlässliches Anzeichen für die Reife der Frucht.

1–2 Portionen

$^{1}/_{2}$ gewaschene und geschälte Ananas
15 g frische Ingwerwurzel
1 kleines Bund Koriander, gewaschen

1. Die Blätter der Ananas abschneiden.
2. Ananas, Koriander und Ingwer gemeinsam entsaften.
3. Vor dem Servieren durchrühren.

Vitalstoff- und Kohlenhydrat-Bilanz

Superreich an Vitamin C, reich an Kalium. Der würzige Drink mit der anregenden und heilenden Wirkung bekommt seinen Pfiff durch die ätherischen Öle des Ingwers und die Flavonoide, Kumarine und andere Inhaltsstoffe des Korianders. Der Kontrast der Geschmacksrichtungen ist bei diesem Saft mit den wertvollen sekundären Pflanzenstoffen überraschend – aber im positiven Sinne.

Himbeer-Heidelbeer-Schluck

Ein Glas dieser Köstlichkeit bietet mehr Schutz vor freien Radikalen, als die meisten Menschen in Europa oder Nordamerika an drei Tagen mit der normalen Nahrung zu sich nehmen. Die freien Radikale greifen die Zellen des Körpers an und können durch ihre Aktivität Herzkrankheiten, Gelenkbeschwerden, Sehstörungen und Krebs begünstigen. Gefrorene Früchte enthalten zwar etwas weniger Vitamin C als frische, doch die schützenden Antioxidanzien nehmen durch Kälte keinen Schaden. Darum können Sie diesen Drink rund ums Jahr genießen.

1–2 Portionen
200 g Heidelbeeren
200 g Himbeeren
zerstoßenes Eis

1. Die Früchte waschen und putzen.
2. Die Früchte in einen Mixer geben und kurz pürieren.
3. Auf zerstoßenem Eis in hohen Gläsern servieren.

Vitalstoff- und Kohlenhydrat-Bilanz

Dieses herrlich erfrischende Getränk enthält zwar keine Stärke, aber etwas natürlichen Zucker – darum ist es als **kohlenhydratarm** eingestuft. Es liefert viel **Vitamin C**, hat aber vor allem einen hohen ORAC-Wert. **Orac** steht für Oxygen Radical Absorption Capacity und ist eine Maßeinheit für den Gehalt der Nahrung an **Antioxidanzien**, die den Körper vor **Alterserscheinungen**, Herzkrankheiten, **Krebs** und anderen Beschwerden schützen. Empfohlen wird eine Tagesmenge von 5000 Orac-Punkten, die durchschnittliche Aufnahme liegt jedoch bei 1500 Punkten. Ein Glas dieses Getränks enthält 6000 Orac-Punkte.

Gemüse-Überraschung

Kommt es Ihnen seltsam vor, Sauerkraut zu entsaften? In Osteuropa wird Sauerkraut traditionell zur Vorbeugung gegen Magengeschwüre und Krebs eingesetzt. Nimmt man die Krebs vorbeugenden Eigenschaften von Roter Bete und Möhren sowie das natürliche Pektin der Äpfel hinzu (die Herz und Kreislauf schützen), dann erkennt man den Wert dieses Getränks. Es schmeckt besser, als es klingt, weil der herbe Geschmack des Sauerkrauts durch die Süße der anderen Zutaten ausgeglichen wird.

4 Portionen

3 ungeschälte Möhren, möglichst aus Bioanbau, Spitze und Blattansatz entfernt
2 Äpfel, geviertelt
1 unbehandelte Zitrone, dünnschalige Frucht ungeschält
1 mittelgroße Rote Bete, möglichst mit Blättern
3 mittelgroße Radieschen, möglichst mit Blättern
2 EL Sauerkraut

1. Alle Zutaten außer dem Sauerkraut waschen.
2. Alle Zutaten entsaften.
3. Vor dem Servieren gut durchrühren.

Vitalstoff- und Kohlenhydrat-Bilanz

Sehr hoher Gehalt an Beta-Carotin, Vitamin C, Kalium und Folsäure; ferner enthält der Drink Kalzium und Eisen. Rote Bete und ihre Blätter liefern viel Kalium, das hohen Blutdruck reguliert und wichtig für ein langes, aktives Leben ist. Radieschen wirken wohltuend auf die Schleimhäute der Nase, der Nebenhöhlen und des Halses und schützen vor Infektionen der Atemwege.

Ingwer-Kick

Ingwer spielt in der traditionellen Heilkunde Chinas und in der indischen Heilkunst des Ayurveda eine zentrale Rolle. Neben ihrer Heilkraft besitzt die würzige Wurzel anregende Wirkung; außerdem lindert sie zuverlässig Übelkeit, etwa auf Reisen oder in der Frühschwangerschaft.

1 Portion

1 Stück frische Ingwerwurzel (ca. 1 cm)

1/4 große Wassermelone mit Kernen und Schale

1. Die Wassermelone waschen.
2. Beide Zutaten entsaften.
3. Bei Bedarf den Saft durch ein Sieb gießen, um die Melonenkerne zu entfernen.
4. Vor dem Servieren gut durchrühren.

Vitalstoff- und Kohlenhydrat-Bilanz

Dieses Getränk ist ganz einfach herzustellen, hat nur **sehr wenige Kohlenhydrate** und wirkt durch die anregenden Eigenschaften der Wassermelone besonders erfrischend. Es enthält kleine Mengen **Vitamin A, C und E**, ist aber in diesem Buch nicht nur wegen seiner Nährstoffe aufgeführt. Sein eigentlicher Vorzug sind die **Enzyme** und die mild **entwässernde Wirkung**. Ingwer steuert zudem die Substanzen **Gingerol** und **Zingiberin** bei, die gefäßerweiternd wirken und die Durchblutung fördern.

E

Im 21. Jahrhundert mit seinem hektischen Lebensstil zählen chronische Müdigkeit, Lethargie und Erschöpfungszustände zu den häufigsten Gründen, aus denen Patienten ihren Arzt aufsuchen. Das unruhige, stets eilige Leben fordert seinen Tribut und ist einer der Hauptgründe für unzureichende Ernährung. Obwohl die Geschäfte lange geöffnet haben, finden viele Leute einfach nicht die Zeit, ihre Ernährung zu planen und die notwendigen Zutaten einzukaufen. Folglich greifen sie zu Fast Food, Fertiggerichten, Tütensuppen, Instant-Nudelgerichten: Sie leben vom Supermarktregal in den Mund, sie essen zu viel, zu unausgewogen und vernachlässigen ihre Nährstoffversorgung. Mangelerscheinungen sind weit verbreitet. Selbst in wohlhabenden Haushalten fehlt es Männern, Frauen und Kindern häufig an Eisen, Zink, Kalzium, Selen, den Vitaminen A, D und E, Folsäure und – so unglaublich es

nergie

Drinks

klingen mag – sogar Vitamin C. Abgesehen davon, dass solche Mangelerscheinungen das Immunsystem und die Knochengesundheit schwächen und Anämie, Herz- und Kreislaufkrankheiten begünstigen können, spielen diese Vitalstoffe auch eine wichtige Rolle in der Umwandlung, Speicherung und Bereitstellung von Energie. Darum sind in diesem Kapitel Getränke zusammengestellt, die entweder Energie in gesündester Form liefern oder die natürlichen Prozesse des Körpers fördern, die ihm helfen, Energie aus Nahrung zu gewinnen. Füllen Sie mit den köstlichen und manchmal ungewöhnlichen Rezepten Ihre Nährstoffreserven auf, gewinnen Sie Vitalität und holen Sie sich einen Energieschub, wenn Sie ihn brauchen. Wer die Energie-Drinks regelmäßig genießt, ist gegen das Syndrom der Dauermüdigkeit gefeit.

Kiwi-Bananen-Smoothie

Gramm für Gramm enthält die Kiwi doppelt so viel Vitamin C wie die Orange. Man kann zwar fertigen Kiwi-Bananen-Saft kaufen, doch meist enthält er viel Zucker. Dabei sind reife Früchte ausreichend süß – Grund genug also, sie selbst zu entsaften. Wer einen guten Entsafter besitzt, kann es sich sogar einfach machen und die Kiwis ungeschält verarbeiten. Der natürliche Fruchtzucker und die komplexen Kohlenhydrate der Bananen sorgen für den Gehalt des Smoothies an schnell und langfristig verfügbarer Energie. Und die Farbe ist einfach hinreißend.

2 Portionen
6 Kiwis oder 200 ml Kiwisaft
4 Bananen oder 200 ml Bananensaft

1 Frische Kiwis waschen, Bananen schälen. Eine Kiwi beiseite legen, die restlichen Früchte entsaften.
2 Die Säfte gut verrühren.
3 Die ganze Kiwi schälen und in Scheiben schneiden.
4 Den Saft mit Kiwischeiben garnieren und servieren.

Vitalstoff- und Kohlenhydrat-Bilanz

Kiwis liefern sehr viel Vitamin C, etwas Vitamin E sowie Antioxidanzien in Form von Proteinen, haben also eine hohe Schutzwirkung. Die Bananen enthalten Kalium und einen gewissen Proteinanteil, der Energie spendet.

Johannisbeertee

Es mag Ihnen seltsam erscheinen, einen Energie-Drink aus Fruchtgelee zu bereiten. Bedenken Sie aber, dass das Einkochen von Gelee eine traditionelle Methode ist, um im langen, kalten Winter von den Nähr- und Vitalstoffen der Sommerfrüchte zu profitieren. Am besten kochen Sie Gelee selbst aus biologisch angebauten Früchten, organischem Zucker – und sonst nichts. Gekauftes Gelee sollte einen möglichst hohen Fruchtgehalt haben und keine Farb-, Geschmacks- und Konservierungsstoffe enthalten. Man kann Gelee in kalte und warme Getränke rühren, aber auch zu Joghurt, Milchshakes, Smoothies oder Milchreis verwenden.

2 Portionen

2 gehäufte EL Gelee von schwarzen Johannisbeeren, möglichst aus biologischem Anbau

1 Das Gelee in einen großen Krug geben.
2 Mit 500 ml kochendem Wasser übergießen.
3 Gründlich umrühren.
4 Abdecken und abkühlen lassen oder warm servieren.

Vitalstoff- und Kohlenhydrat-Bilanz

Schwarze Johannisbeeren enthalten viermal so viel **Vitamin C** wie Orangen – und zwar in einer so stabilen Form, dass es auch noch nach dem Tiefkühlen, Kochen, Entsaften oder Einkochen als Gelee oder Marmelade eine wichtige Funktion bei der Bekämpfung von **Infektionen** übernimmt. Sie enthalten zusätzlich sehr viel **Kalium**, aber nur wenig Natrium, eignen sich also besonders für Menschen mit **Bluthochdruck**. Heiß wirkt dieser Tee lindernd bei Halsschmerzen, Husten, Erkältung und anderen Infekten. Die Pigmente, die den Beeren die Farbe geben, gehören zu den wirksamsten **Antioxidanzien**. Sie schützen vor **Krebs** und vielen anderen Zellschädigungen. Für die Süße des Getränks sorgen die **Fruktose** der Johannisbeeren und der beim Einkochen zugesetzte Zucker. Fruktose wird langsam umgewandelt, darum ist dieses Getränk so gesund.

Alarmstufe Rot

Alle roten, gelben und orangefarbenen Gemüse enthalten Stoffe, die der Körper zur Erneuerung beschädigter Zellen braucht. In Phasen von Krankheit, starkem Stress, Überarbeitung oder Lebenskrisen leidet der Körper. Dieser köstlich-würzige Drink gibt in solchen Momenten einen Energieschub.

1–2 Portionen

1 kleine rote Paprikaschote
3 Möhren
1 kleine Rote Bete, roh, möglichst mit Blättern
1 Hand voll glattblättrige Petersilie mit Stielen
1 kleine Hand voll Brunnenkresse

1. Die Paprikaschote waschen und entkernen.
2. Die Möhren waschen. Möhren aus Bioanbau müssen nicht geschält oder geputzt werden.
3. Rote Bete und Kräuter waschen. Die Brunnenkresse beiseite stellen, die übrigen Gemüse und Kräuter entsaften.
4. Gut umrühren und mit etwas Brunnenkresse garniert servieren.

Vitalstoff- und Kohlenhydrat-Bilanz

Die intensive Färbung der Roten Bete entsteht durch einen Inhaltsstoff, der den **Sauerstofftransport** des Blutes verbessert und vor allem vor Phasen körperlicher oder geistiger Anstrengung hilfreich ist. Paprika und Möhren enthalten reichlich **Vitamin C** und viele **Carotinoide** mit **stärkender** und **schützender** Wirkung. Brunnenkresse kräftigt das Lungengewebe und gilt als eines der besten natürlichen **Vorbeugungsmittel** gegen Krebs.

Ananas mit Lorbeer

Wie bei allen Säften sind Geschmack und Vitamingehalt besser, wenn man die Früchte frisch entsaftet. Auch der Gehalt an Enzymen mit schmerzstillender Wirkung ist deutlich höher. Um diese Enzyme voll auszunutzen, muss der Drink sehr vorsichtig erwärmt werden; er darf auf keinen Fall kochen.

2 Portionen

1 große, reife Ananas, entsaftet, oder 500 ml Ananassaft
6 Lorbeerblätter

1 Den Ananassaft in einen Topf geben.
2 Die Lorbeerblätter in Hälften brechen und zufügen.
3 Sehr langsam bis zum Siedepunkt erhitzen.
4 Vom Herd nehmen und 2 Minuten ziehen lassen.
5 Die Blätter entfernen und servieren.

Vitalstoff- und Kohlenhydrat-Bilanz

Viel Energie, **wenig Kohlenhydrate**: Dieser Drink ist kaum zu überbieten. Die Energie liefert **Fruktose**, der natürliche Fruchtzucker, der einen wesentlich niedrigeren GI hat als normaler Zucker. Er wird aber viel langsamer in die Blutbahn aufgenommen und vermeidet dadurch starke Schwankungen des Blutzuckerspiegels, die für normalen Zucker typisch sind. **Bromelain**, das natürliche Enzym der Ananas, hat erstaunliche therapeutische Qualitäten. Es fördert die **Heilung** beschädigter Blutgefäße und beschleunigt die **Auflösung** von Blutgerinnseln. Darum lindert es auch **Schmerzen**, etwa von Prellungen und Abschürfungen, und ist nebenbei eines der besten **Naturheilmittel** bei Halsschmerzen und Stimmproblemen. Die **ätherischen Öle** des Lorbeers lindern Schmerzen und fördern die Verdauung.

Trauben-Passion

Das Rezept klingt etwas aufwändig, doch der Drink strotzt vor Energie und Vitalstoffen. Es ist kein Zufall, dass man Kranken oder Rekonvaleszenten Weintrauben gibt. Sie wirken außergewöhnlich nährend, regenerierend und kräftigend. In Verbindung mit den schützenden Inhaltsstoffen der Pfirsiche, Kiwi und Erdbeeren (von den Antioxidanzien in Passionsfrucht und Granatapfel ganz zu schweigen) ist dies der wirkungsvollste aller Energie-Drinks.

1–2 Portionen
6 mittelgroße Erdbeeren
175 ml blaue Weintrauben
2 Pfirsiche, entsteint
2 Kiwis, ungeschält
1 Granatapfel, ausgelöst
2 Passionsfrüchte, entkernt und ausgelöst

1 Erdbeeren, Trauben, Pfirsiche und Kiwis waschen und entsaften.
2 Granatapfel-Kerne und Passionsfrucht-Fleisch vor dem Servieren einrühren.

Vitalstoff- und Kohlenhydrat-Bilanz

Der Drink ist reich an **Vitamin A** und **C**, noch wichtiger ist aber sein Gehalt an **Tanninen**, **Flavonen**, **Enzymen** und **ätherischen Ölen**. Ein einziges Glas enthält alle wichtigen Vital- und **Schutzstoffe** der Natur. Worauf warten Sie noch? Ex!

Lychee-Liebe

Wenn Sie je Lychees aus der Dose beim Chinesen an der Ecke probiert haben, wird dieser Smoothie Sie verblüffen. Frische Lychees schmecken völlig anders. Sie sind sehr mild, stecken aber voller Nährstoffe. Statt normaler Milch oder Joghurt wird hier Buttermilch verwendet, damit auch für Abwechslung bei der Konsistenz gesorgt ist.

1–2 Portionen
10 Lychees
115 ml Buttermilch
3 EL flüssiger Honig
2 Rispen rote Johannisbeeren zum Garnieren

1 Die Lychees schälen und entsteinen. Das Fleisch im Mixer pürieren.
2 Buttermilch und Honig zufügen und kurz durchmixen.
3 Mit Johannisbeeren garnieren und servieren.

Vitalstoff- und Kohlenhydrat-Bilanz

Lychees sind ein guter **Vitamin-C**-Lieferant, daneben enthalten sie auch **Kalzium**, **Kalium** und **Phosphor** – drei wichtige Stoffe für die Energieumwandlung und die Knochengesundheit. Die Proteine und das Kalzium der Buttermilch sorgen mit dem **extrem niedrigen Zuckergehalt** dafür, dass der Blutzuckerspiegel nicht unnötig schwankt. Dafür werden Sie die Verbesserung Ihrer gesamten **Vitalität** spüren.

Papaya-Power

Es spielt keine Rolle, wie gut die Nahrung ist: Wenn sie nicht richtig verdaut wird, nutzt sie wenig. Shakespeare, der über die menschlichen Schwächen eine Menge wusste, legt Macbeth dazu die folgenden Worte in den Mund: »Nun, auf die Eßlust folg ein gut Verdauen, Gesundheit beiden!« Wahrscheinlich hat Shakespeare nie Papaya probiert, doch dieser Saft, der reichlich Energie liefert, den Appetit und die Verdauung anregt, hätte ihm gewiss gefallen.

4 Portionen
2 große Papayas, entkernt, Fruchtfleisch aus der Schale geschabt
1 kleine Weintraube
$^1/_2$ Limette, geschält
1 Cantaloupe-Melone, geschält

1 Die Trauben waschen, dann alle Zutaten entsaften.
2 Vor dem Servieren gut durchrühren.

Vitalstoff- und Kohlenhydrat-Bilanz

Eine Superportion Vitamin A und C sowie Beta-Carotin, außerdem viel Kalium. Der Drink enthält Papain, ein Enzym, das die Eiweißverdauung unterstützt und besonders die Fleischverdauung erleichtert. Die Tannine in der Traubenschale regen den Appetit an. Cantaloupe-Melonen liefern erstaunlich viele Nährstoffe und ebenfalls Verdauungsenzyme. Dieser Drink optimiert die Verdauung und verbessert dadurch die Energieausnutzung der Nahrung.

American Chai

Der Name verrät bereits, dass bei diesem Rezept Einflüsse aus dem Westen und dem Osten mitspielen. Die Gewürze werden traditionell für die amerikanische Apple Pie verwendet, hier reicht ihr Beitrag über den Geschmack aber weit hinaus, denn sie alle sind natürliche Schmerzkiller.

2 Portionen
3 Gewürznelken
1 Kardamomkapsel
1 Zimtstange
2 Prisen gemahlener Ingwer
1 Aufgussbeutel Darjeeling-Tee
55 ml Milch

1. Gewürznelken, Kardamomkapsel und Zimtstange im Mörser zerstoßen.
2. Die Gewürze mit Ingwer und 500 ml Wasser in einen Topf geben.
3. Aufkochen, den Teebeutel zufügen und 5 Minuten ziehen lassen.
4. Die Milch zugeben und nochmals aufkochen.
5. Den Teebeutel entfernen, durch ein Sieb gießen und nach Geschmack süßen.

Vitalstoff- und Kohlenhydrat-Bilanz

Dieses Getränk enthält kaum Kalorien, sein Geheimnis liegt in den **Gewürzen**, die den Organismus anregen und dadurch mehr Schwung geben. Die **ätherischen Öle** und Pflanzenstoffe der Gewürze spielen in diesem Rezept die Hauptrolle. **Gingerol** aus dem Ingwer wärmt und regt den Kreislauf an. Das ätherische Öl **Cinnamaldehyd** aus dem Zimt lindert Schmerz und wirkt allgemein anregend. **Eugenol** aus Gewürznelken ist ein bewährtes Mittel gegen Zahnschmerzen, lindert aber auch andere Schmerzen zuverlässig. Kardamom gilt in der ayurvedischen Heilkunde als **Herztonikum**. Die Kombination empfiehlt sich in Phasen körperlicher Belastung, außerdem wirkt sie wegen der **schmerzstillenden** Eigenschaften Wunder nach einem Wochenende harter Gartenarbeit, einem anstrengenden Fußball- oder Tennisspiel oder (wenn es denn sein muss) dem Kraftakt eines Marathon.

Erbsenwunder

Dies ist eine Art superschneller Erbsensuppe, ideal für alle, die sich abgeschlagen fühlen oder unter Winterdepression leiden. Gefrorene Erbsen eignen sich sehr gut für das leckere, anregende Getränk, weil sie sich schnell und unkompliziert zubereiten lassen und fast den vollen Nährwert bieten. Erbsen aus der Dose dagegen enthalten meist viel Salz und kaum noch Vitamin C. Frühlingszwiebeln und Minze liefern ätherische Öle, die das Immunsystem ankurbeln und neuen Schwung bringen.

2 Portionen
1 große Frühlingszwiebel
170 g tiefgefrorene Erbsen
1 großer Zweig Minze, gewaschen
400 ml Gemüsebrühe, selbst gekocht (siehe Seite 97) oder salzarmes Fertigprodukt

1 Die Frühlingszwiebel waschen und putzen.
2 Mit den anderen Zutaten vermischen und in einem Topf langsam erhitzen, bis die Erbsen weich werden.
3 2 Esslöffel Erbsen beiseite legen, die restliche Mischung pürieren und nach Bedarf mit kochendem Wasser verdünnen.
4 Mit den restlichen Erbsen garnieren und warm servieren.

Vitalstoff- und Kohlenhydrat-Bilanz

Längere Phasen von Stress, Sorge oder Depression zehren von den Energie- und Vitamin-B-Reserven des Körpers. Frische und gefrorene Erbsen sind eine gute Quelle für **Vitamin B_1**, **Folsäure**, **Proteine** und sekundäre Pflanzenstoffe. Sie enthalten außerdem **Vitamin A** und **C**. **Zink** und **Eisen** bekämpfen Abgeschlagenheit. Die antibakteriellen und antiviralen Inhaltsstoffe der Zwiebel unterstützen die **Infektabwehr**, darum empfiehlt sich dieses Rezept auch bei **Grippe** und ähnlichen Infektionskrankheiten.

Birnen-Booster

Die Power von Birnen sollte man nicht unterschätzen. Kaum jemand weiß, wie viele Nährstoffe reife Birnen jeder Sorte enthalten. Ihr Saft gibt diesem Getränk den unverwechselbaren Geschmack und einen Duft, der auch den trübsten Morgen freundlicher macht. Bei Abgespanntheit wirken die löslichen Faserstoffe der Birnen und Äpfel, kombiniert mit dem natürlichen Zucker von Trauben und Ananas, wahre Wunder: Sie kurbeln die Verdauung an und spenden schnell Energie.

2–3 Portionen
4 ungeschälte Birnen
12 helle oder blaue Weintrauben
2 Äpfel mit Schale und Kerngehäuse, geviertelt
2 Scheiben Ananas, geschält

1 Birnen, Trauben und Äpfel waschen. Alle Früchte zusammen entsaften.
2 Vor dem Servieren gut umrühren.

Vitalstoff- und Kohlenhydrat-Bilanz

Reich an **Kalium**, **Pektin** (löslicher Faserstoff) und wertvollen **Enzymen**. Enthält **Vitamin C**, **Kalzium** und Spuren von **B-Vitaminen**. Neben dem hohen Gehalt an Vitaminen und Nährstoffen hat dcr Saft noch andere Vorzüge. **Tannine**, hochwirksame **Flavone** und andere aromatische Inhaltsstoffe der Trauben liefern Energie und beugen **Krebs** vor. Und obendrein schmeckt der Drink so gut, wie er duftet.

Power-Pack

Dieses flüssige Kraftpaket sollten Sie sich ein- bis zweimal in der Woche gönnen. Vor allem in Phasen von Stress, hoher Arbeitsbelastung oder anderen Anstrengungen fördert er die Vitalität und die kreative Energie. Er stärkt die Konzentration, die geistige Beweglichkeit und die körperliche Leistungsfähigkeit. Mehr kann man sich kaum wünschen.

2 Portionen

1 kleine Hand voll Brunnenkresse
1 kleine Hand voll Spinat
1 Kiwi, ungeschält
1 mittelgroße Tomate
1 große Möhre, möglichst Bioanbau, Spitze und Blattansatz entfernt
1 Apfel, ungeschält, entkernt und geviertelt

1 Alle Zutaten waschen und entsaften.
2 Den Saft vor dem Servieren durchrühren.

Vitalstoff- und Kohlenhydrat-Bilanz

Besonders reich an **Vitamin C**, reich an **Vitamin A**, **Beta-Carotin**, **Kalium**, **Magnesium** und **Zink**. Ferner enthält der Drink **Eisen**, **Kalzium** und **Lycopin**. Wegen des hohen Gehalts an Vitamin C, der die empfohlene tägliche Mindestmenge übersteigt, stärkt er die **Abwehrkraft** gegen Erkältungen und grippale Infekte. Das **Lycopin** schützt vor **Herzkrankheiten** und **Krebs**, und obendrein spendet das leckere Getränk jede Menge Energie.

Grüner Traum

Noch ein Energiespender mit vielen wichtigen Nährstoffen und erstaunlich wirkungsvollen natürlichen sekundären Pflanzenstoffe aus Koriander und Spinat. Er empfiehlt sich für körperlich aktive Menschen, weil der natürliche Zucker aus Möhren und Kiwi schnell Energie spendet. Außerdem liefert er reichlich Kalium, das für die Muskeltätigkeit wichtig ist.

1–2 Portionen
4 Möhren
1 Kiwi
1 kleine Hand voll frischer Koriander mit Stielen
1 Hand voll junger Blattspinat

1 Alle Zutaten waschen. Die Möhren schälen und putzen. Von Möhren aus Bioanbau nur Spitze und Blattansatz entfernen. Die Kiwi bleibt ungeschält.
2 Einige Korianderblätter beiseite legen, die übrigen Zutaten entsaften.
3 Gut durchrühren, mit Korianderblättern garnieren und servieren.

Vitalstoff- und Kohlenhydrat-Bilanz

Dieser Power-Drink enthält eine doppelte Portion **Beta-Carotin** und **Kalium** aus Möhren und Kiwi, dazu reichlich **Magnesium** und **Vitamin C**. Der Spinat steuert **Carotinoide** und wertvolle sekundäre Pflanzenstoffe bei, die vor **Krebs** schützen. Koriander enthält **Kumarine**, die Herz und Kreislauf stärken, sowie das ätherische Öl **Linalol**, das **antiseptische** Eigenschaften besitzt.

Spice Girl

Diese Saft enthält die hochwirksamen ätherischen Öle Zingiberin und Gingerol aus Ingwer und wirkt außerdem durch Möhren, Apfel und Orange verdauungsfördernd und entschlackend. Er liefert Energie und besitzt antiseptische und entzündungshemmende Inhaltsstoffe – ideal bei ersten Anzeichen einer Erkältung oder auch zur Stärkung nach einer Lebensmittelvergiftung.

1–2 Portionen

1 Apfel, ungeschält, entkernt und geviertelt

2 Möhren, möglichst aus Bioanbau, Spitze und Blattansatz entfernt

30 g frische Ingwerwurzel, geschält und in Scheiben geschnitten

1 Orange, geschält, weiße Haut entfernt

1. Apfel und Möhren waschen, alle Zutaten entsaften.
2. Vor dem Servieren gut durchrühren.

Vitalstoff- und Kohlenhydrat-Bilanz

Durch die **Fruktose** mit niedrigem glykämischem Index und die anregende Wirkung des Ingwer ist dieser Saft etwas ganz Besonders. Ingwer ist mit seinem hohen Gehalt an **Vitamin A, C** und **Faserstoffen** eines der vielseitigsten und wertvollsten Gewürze. In der griechischen Antike wurde er bei **Verdauungsbeschwerden** und Vergiftungen eingesetzt. Im Mittelalter schätze man seine **wärmende** Wirkung. In diesem Buch findet Ingwer auch wegen seiner belebenden Wirkung häufig Verwendung.

Unschlagbar

Wer sich an grauen, trüben Tagen abgeschlagen fühlt, braucht eine Extraportion Eisen. Gurken werden oft unterschätzt, weil sie hauptsächlich aus Wasser bestehen. Ihr Kaloriengehalt ist gering, dennoch werden sie in der Naturheilkunde sehr geschätzt. Die kühl-erfrischende Gurke bildet in diesem Rezept einen reizvollen Kontrast zum herben Geschmack von Roter Bete, Spinat und Brunnenkresse.

2 Portionen

1 kleine Rote Bete, ungeschält, mit Blättern
1 mittelgroße Gurke
2 Äpfel, ungeschält, entkernt und geviertelt
1 kleine Hand voll Brunnenkresse
1 kleine Hand voll Blattspinat

1 Alle Zutaten gründlich waschen und entsaften.
2 Den Saft vor dem Servieren durchrühren.

Vitalstoff- und Kohlenhydrat-Bilanz

Besonders reich an **Eisen**, Vitamin C und **Folsäure**. Reich an **Beta-Carotin** und anderen Carotinoiden. Durch den **Vitamin-C-Gehalt** kann das enthaltene Eisen vom Organismus leichter aufgenommen werden. Beta-Carotin und andere **Carotinoide** schützen vor **Krebs**. Durch den natürlichen Zuckergehalt ist dies eine echte **Energiespritze**, ideal für engagierte Sportler, Body-Builder, Vegetarier und Frauen, die eine Schwangerschaft planen.

Drinks zum

Die meisten Menschen trinken zu wenig – und diese geringen Flüssigkeitsmengen sind meist auch noch ungesund. Natürlich spricht nichts gegen zwei oder drei Tassen Kaffee am Tag, neun oder zehn sind jedoch zu viel. Mäßiger Kaffeegenuss steigert das Wohlbefinden, und Tee enthält Antioxidanzien, die Herz und Blutgefäße schützen. Beide enthalten aber Koffein, das bei zu reichlichem Genuss das zentrale Nervensystem reizt, den Schlaf beeinträchtigt und unruhig macht. Zu viel Tee kann außerdem die Aufnahme von Mineralien wie Eisen und Kalzium behindern.
Ich erschrecke immer wieder, wenn Eltern ihren sechsjährigen Kindern großzügig Cola zu trinken geben, die – wie ein doppelter Espresso – ebenfalls voller Koffein steckt. Andere Erfrischungsgetränke enthalten zwar kein Koffein, dafür aber andere Chemikalien, die die Kalziumausscheidung des Körpers und damit das Risiko für Osteoporose im späteren Leben erhöhen. Jeder weiß, dass zwei Gläser Rotwein am Tag dem Herzen gut tun. Wer aber zwei Flaschen trinkt, riskiert ernsthafte Herz- (und Sucht-) Probleme. Was kann man also tun, um ausreichend zu trinken, die Nieren zu

Essen

schützen und Infektionen der Harnwege aus dem Weg zu gehen, gleichzeitig die acht Teelöffel Zucker mancher Erfrischungsgetränke zu meiden und den Kohlenhydratverbrauch gering zu halten? Die Antwort ist einfach. Nehmen Sie sich die Zeit, zu den Mahlzeiten die folgenden Drinks zuzubereiten. Manche sehen vielleicht ungewohnt aus oder enthalten Zutaten, die man normalerweise nicht mit einem Glas zum Mittag- oder Abendessen assoziiert. Doch ich verspreche, dass sie alle gut schmecken. Und obendrein tun sie Ihrer Gesundheit auf vielerlei Weise gut. Löwenzahnblätter beispielsweise wirken entwässernd und empfehlen sich in Phasen, wenn Flüssigkeitsansammlungen in Füßen, Knöcheln, Händen, Fingern und Brüsten Unbehagen verursachen. Kurkuma, deren intensiven Geschmack wir aus der asiatischen Küche kennen, schützt vor Magenkrebs. Ringelblumenblüten wirken antiseptisch und antifungal. Ingwer lindert Reisekrankheit und morgendliche Übelkeit in der Schwangerschaft. Auf den folgenden Seiten finden Sie auch Getränke mit einem Schuss Alkohol und kohlenhydratarme Drinks mit – glauben Sie es ruhig – Schokolade.

Schoko-Minz-Drink

Schokolade ist ein zuverlässiger Verwöhner und tut – so belegen neue Forschungen – auch dem Herzen gut. In diesem Rezept wird sie mit Minze kombiniert, die Verstopfung verhindert. Es empfiehlt sich besonders für Menschen mit anhaltenden oder chronischen Verdauungsbeschwerden.

2 Portionen

85 g hochwertige, biologische Pfefferminzschokolade (mindestens 70 % Kakaoanteil)

400 ml Magermilch

4 kleine Zweige frische Pfefferminze, gewaschen

1. Etwa 15 g Schokolade raspeln und beiseite stellen.
2. Die restliche Schokolade in Stücke brechen, mit der Milch und 2 Zweigen Minze in einen Topf geben.
3. Langsam zum Kochen bringen, dabei die Schokolade unter Rühren auflösen.
4. Die Minze herausnehmen.
5. Mit einem Cappuccino-Aufschäumer aufschlagen.
6. In Becher gießen, mit geraspelter Schokolade und der restlichen Minze garnieren.

Vitalstoff- und Kohlenhydrat-Bilanz

Trotz der Schokolade ist dies ein **kohlenhydratarmes** Getränk, denn dunkle Schokolade enthält deutlich weniger Fett und Zucker als Vollmilchschokolade. Pfefferminze wird seit Jahrhunderten von Kräuterheilkundlern wegen ihrer guten Wirkung bei **Magenübersäuerung** und **Sodbrennen** geschätzt. **Pfefferminzöl** wird noch heute in vielen Magenmedikamenten eingesetzt. Dieses Rezept beugt **Verdauungsbeschwerden** auf besonders angenehme Weise vor. Sie kommen in den vollen Genuss der positiven Wirkung der Minze, im Gegensatz zu »After Dinner Mints« aber ohne überflüssigen Zucker oder sonstige Zusatzstoffe.

Duftwolke

Kümmern Sie sich nicht um die seltsame Farbe. Schließen Sie die Augen und schnuppern Sie den herrlich tropischen Duft dieses Drinks. Am besten eignet sich naturtrüber Apfelsaft, der mehr Pektin enthält. Dieser spezielle lösliche Faserstoff unterstützt die Senkung des Cholesterinspiegels. Der Drink passt besonders gut zu scharfen Gerichten.

2 Portionen
300 ml Apfelsaft
4 Gewürznelken
$\frac{1}{2}$ TL gemahlene Kurkuma
1 großer Zweig Minze, gewaschen

1 Alle Zutaten in einem Topf langsam erhitzen.
2 Vom Herd nehmen und 5 Minuten ziehen lassen.
3 Zum Servieren die Minze entfernen, die Nelken als Dekoration darin lassen.

Vitalstoff- und Kohlenhydrat-Bilanz

Der Drink mit einem **sehr niedrigen Kohlenhydratgehalt** besitzt besonders **schützende** Eigenschaften. **Eugenol** aus den Gewürznelken ist ein bewährter Schmerzstiller und ein wirkungsvolles **Antiseptikum**, darum empfiehlt sich dieser Drink bei Hals-, Zahn- und Ohrenschmerzen. Minze lindert vielfältige **Verdauungsbeschwerden**, vor allem **Magenübersäuerung** und **Sodbrennen**. Kurkuma schützt vor **Krebs** und lindert durch entzündungshemmende Inhaltsstoffe Beschwerden durch **Arthritis**, Rheumatismus, andere Entzündungsprobleme und **Menstruationsschmerzen**.

Zitronen-Ingwer-Tee

Ich bin kein Fan von Schnelltherapien, weil dabei oft Symptome überdeckt und Probleme unter den Teppich gekehrt werden. Wenn Sie sich aber etwas abgeschlafft und erschöpft fühlen, kann ich dieses Rezept als schnelle Hilfe wirklich empfehlen. Nichts wirkt so gut wie dieser einfache, aber köstliche und anregende Drink. Die frische Säure der Zitrone harmoniert sehr gut mit der exotischen Schärfe des Ingwers. Die Zutaten hellen die Stimmung auf, spenden Energie und bringen den Kreislauf auf Touren. Weil das Getränk die Geschmacksnerven neutralisiert, passt es gut zum Essen.

2–3 Portionen
1 Stück frische Ingwerwurzel (ca. 2,5 cm)
550 ml kochendes Wasser
1 unbehandelte Zitrone

1 Den Ingwer schälen und reiben.
2 Mit dem kochenden Wasser übergießen.
3 Den Saft der halben Zitrone zufügen und abkühlen lassen.
4 In den Kühlschrank stellen.
5 Umrühren, mit Scheiben der restlichen halben Zitrone garnieren und servieren.

Vitalstoff- und Kohlenhydrat-Bilanz

Zitronen enthalten nicht nur viel Vitamin C, sondern auch natürliche Bioflavonoide, die die Gefäßwände stärken und schützen. Gingerol und Zingiberin, die ätherischen Öle des Ingwers, sind seit Urzeiten bewährt. In der chinesischen Heilkunde wird Ingwer seit Jahrtausenden als wirkungsvolles Anregungsmittel eingesetzt. Im Gegensatz zu Koffein und Alkohol hat Ingwer aber keine schädlichen Nebenwirkungen, auch der steile Abfall der Leistungskurve nach kurzer Zeit bleibt aus.

Schlüsselblumen-Drink

Nein, das ist kein Irrtum. Für dieses Rezept werden wirklich Blätter und Blüten der Schlüsselblume verwendet. Sie wirken entzündungshemmend, und man kann die Blätter wie Spinat in dem Wasser dünsten, das nach dem Waschen an ihnen haften bleibt, und mit etwas Olivenöl und Muskatnuss servieren. Essen Sie auch die Blüten, denn sie schmecken ausgezeichnet und besitzen heilende Wirkung. Dieses Getränk passt gut zum Essen und eignet sich besonders für Menschen mit chronischen Schmerzen, etwa durch Rheumatismus oder Arthritis.

2 Portionen
4 Möhren, möglichst Bioanbau, Spitze und Blattansatz entfernt
1/2 Kopf Weißkohl
150 ml Apfelsaft
4 Schlüsselblumenblätter, gewaschen und grob gehackt
2 Schlüsselblumenblüten, gewaschen

1 Möhren und Kohl entsaften, den Saft in einen Topf geben.
2 Apfelsaft und Schlüsselblumenblätter zufügen und langsam zum Kochen bringen.
3 Jede Portion mit einer Blüte garnieren.

Vitalstoff- und Kohlenhydrat-Bilanz

Die Mischung von Möhren, Kohl und Apfelsaft steckt voll **schützender Antioxidanzien** und enthält auch nach dem Erhitzen noch reichlich **Vitamin C**. Der Saft fördert die Genesung von **Infektionen**, weil er das Immunsystem anregt und **antibakteriell** wirkenden Schwefel aus dem Kohl enthält. Die **entzündungshemmende** Wirkung der Schlüsselblumen empfiehlt sich besonders bei entzündungsbedingten **Schmerzen**.

Zwiebeltee

Dieses Rezept ähnelt einer klaren Zwiebelsuppe. Es schmeckt gut (sofern man Zwiebeln mag) und besitzt besondere Heilwirkung. Zwiebeln nehmen in der Naturheilkunde seit Jahrtausenden eine Sonderstellung ein. Sie wurden von den amerikanischen Indianern, den chinesischen Kräuterkundigen und den Ärzten des Mittelalters gleichermaßen geschätzt. Wer an Frostbeulen leidet, sollte nicht nur diesen Tee trinken, sondern die Haut mit einer dicken Scheibe Zwiebel abreiben. Das herzhafte Getränk ist ein traditionelles Mittel gegen Beschwerden der Atemwege. Es passt nicht zu zartem Fisch, wohl aber zu herzhaftem Rindfleisch oder einem würzigen Gemüseeintopf.

2 Portionen
1 große oder 2 kleine Zwiebeln
1 EL gute, biologische Flüssigwürze
15 g hellbrauner Zucker

1 Die Zwiebel schälen und in Ringe schneiden.
2 In einen Topf geben und mit etwa 400 ml Wasser bedecken.
3 Flüssigwürze und Zucker zufügen.
4 Aufkochen und 10 Minuten köcheln lassen.
5 Durch ein Sieb gießen und servieren.

Vitalstoff- und Kohlenhydrat-Bilanz

Zwiebeln wirken mild **entwässernd**. Wer an Wassereinlagerungen durch erhöhten Blutdruck leidet, wird dieses Getränk schätzen. Der Kreislauf wird vor allem durch das Enzym **Allinase** und Schwefelverbindungen angeregt. Das Getränk senkt den **Cholesterinspiegel** und verbessert die **Fließfähigkeit** des Blutes, wodurch das Risiko von Blutgerinnseln gesenkt wird.

Rosaroter Panther

Rosa ist die Farbe der Romantik, und ein liebevoll zubereitetes Menü kann durchaus der Auftakt für einen entspannten Abend zu zweit sein. Im Mittleren Osten setzt man seit Jahrhunderten Duft, Geschmack und Textur der Rose ein, um liebevolle und romantische Gefühle anzuregen. Auch der britische Kräuterkundler Nicholas Culpepper kannte das Geheimnis der Rose. Probieren Sie es aus!

2 Portionen
2 rosa Grapefruits*
85 ml Rosenwasser
Rosen-Blütenblätter zum Garnieren

*** Wer Medikamente nimmt, sollte vor dem Verzehr größerer Mengen Grapefruitsaft seinen Arzt befragen.**

1. Die Grapefruits entsaften.
2. Den Saft langsam in einem Topf erhitzen.
3. In zwei Tassen oder hitzefeste Gläser füllen.
4. Das Rosenwasser auf die Portionen verteilen und kurz einrühren.
5. Mit Blütenblättern garnieren und servieren.

Vitalstoff- und Kohlenhydrat-Bilanz

Für dieses Rezept ist es wichtig, rosa Grapefruit zu verwenden. Sie ist nicht nur **süßer** als die hellen Sorten, sondern hat auch den schöneren Farbton. Rosenblüten enthalten **ätherische Öle**, die die Stimmung aufhellen und **aphrodisierend** wirken sollen. Ersatzweise kann man Hagebutten verwenden. Und ist kein Rosenwasser erhältlich, nehmen Sie verdünnten Hagebuttensirup.

Großputz

Dies ist ein echter Fitness-Saft voller Vitamine, der nach Frühling und Sommer schmeckt. Er bringt einen trägen Stoffwechsel auf Touren, entschlackt und reinigt das Blut. Besonders gut passt er zu mediterranen Gerichten. Wer abnehmen will, kann ihn auch einmal als Ersatz für eine Mahlzeit trinken – die Vitalstatistik zeigt, dass dabei kein Mangelrisiko droht.

2–3 Portionen
1 große Hand voll Blattspinat
1 große Hand voll Brunnenkresse
$^1/_4$ rote Paprikaschote, entkernt
$^1/_2$ mittelgroße Gurke
1 großes Blatt Frühlingskohl
3 Möhren, möglichst aus Bioanbau, ohne Spitze und Blattansatz

1 Alle Zutaten waschen und entsaften.
2 Vor dem Servieren gut durchrühren.

Vitalstoff- und Kohlenhydrat-Bilanz

Enthält eine Superportion **Vitamin A** und **Carotinoide** sowie viel **Schwefel** und **Vitamin C**. Besonders wertvoll ist der Saft aber nicht wegen der Vitamine und der Mineralien, sondern wegen seiner **sekundären Pflanzenstoffe**. Spezielle Carotinoide im Spinat und Frühlingskohl **schützen** die Augen vor Alterungserscheinungen, während das **Beta-Carotin** aus Paprika und Gurke die Haut und die Schleimhäute von Nase und Rachen revitalisiert. Der Saft kurbelt **Vitalität** und **Immunsystem** an und enthält nahezu **keine Kohlenhydrate**.

Möhrenbecher 

Dieser Saft schmeckt solo herrlich, passt aber auch gut zu Fleischgerichten, weil die Enzyme der Ananas die Verdauung anregen. Die heilenden Eigenschaften der Möhren ergänzen die beruhigende Wirkung der Gurke auf die Schleimhäute. Sellerie wirkt mild entwässernd und lindert Schwellungen von Mandeln, Polypen und Rachen. Salbei ist als Antiseptikum für Hals- und Rachenbeschwerden seit langem bekannt. Mit diesem Drink sind Sie rund ums Jahr gegen Gesundheitsbeschwerden gewappnet.

3–4 Portionen

3 Möhren, möglichst Bioanbau, Spitze und Blattansatz entfernt
1 kleine Ananas, geschält
3 Selleriestangen mit Blättern
$^{1}/_{2}$ große Gurke
6 frische Salbeiblätter

1 Alle Zutaten waschen und entsaften.
2 Vor dem Servieren gut durchrühren.

Vitalstoff- und Kohlenhydrat-Bilanz

Superreich an **Beta-Carotin**, **Kalium** und natürlichen **Enzymen**, enthält **Vitamin C** und **Folsäure**. Das natürliche Enzym **Bromelain** der Ananas wirkt **heilend** auf Mund- und Rachenschleimhaut und fördert die **Verdauung**, sodass die Nahrung optimal ausgenutzt wird. Salbei enthält ein ätherisches Öl namens **Thujon**, das **antiseptisch** wirkt. Und einen geringen Kohlenhydratgehalt hat dieser **Fitmacher** auch noch.

Fitness-Punsch

Servieren Sie diesen Drink einmal im Schatten des Sonnenschirms als Begrüßungsschluck vor einem Grillabend. Dabei braucht man eigentlich keinen Grund, um Pimm's zu genießen. Er ist kühl, erfrischend, in kleinen Mengen ausgesprochen gesund und schmeckt in Verbindung mit der herben Süße der Grapefruit besonders interessant. Dieser Punsch erfrischt an heißen Tagen. Und wenn es grau und trübe ist, weckt er Erinnerungen an saftig grünen Rasen und Sommersonnenschein.

10 Portionen
4 rosa Grapefruits*
Eiswürfel
185 ml Pimm's
1/2 Flasche Sekt von guter Qualität
1 l Mineralwasser mit Kohlensäure
1 unbehandelte Zitrone

*** Wer Medikamente einnimmt, sollte vor dem Genuss größerer Mengen Grapefruitsaft seinen Arzt konsultieren.**

1. Die Grapefruits mit einer Zitruspresse ausdrücken. Keinen Zentrifugen-Entsafter verwenden.
2. Einige Eiswürfel in ein großes Bowlegefäß geben.
3. Saft, Pimm's und Sekt über das Eis gießen.
4. Gut umrühren, dann mit Mineralwasser auffüllen.
5. Die Zitrone in dünne Scheiben schneiden und als Garnierung verwenden.

Vitalstoff- und Kohlenhydrat-Bilanz

Auf einer Grillparty kann man die Kohlenhydrate nicht ganz streichen. Eine völlig **kohlenhydratfreie** Ernährung wäre auch **unausgewogen** und damit **ungesund** und schädlich. Sie brauchen also wegen des Alkoholgehalts in diesem Drink kein schlechtes Gewissen zu haben. Rosa Grapefruit liefert reichlich **Vitamin C** sowie etwas **Beta-Carotin**. Grapefruits enthalten außerdem **Bioflavonoide**, die für den **Schutz** der Gefäßwände wichtig sind. Rotwein schützt das **Herz**, sofern man ihn in kleinen Mengen trinkt.

French Connection

Was hat ein Getränk aus Trockenpflaumen mit Frankreich zu tun? Nun, die besten Trockenpflaumen der Welt werden seit mehr als 800 Jahren in der kleinen französischen Stadt Agen angebaut. Der Schriftzug Pruneaux d'Agen ist ebenso ein Qualitätsmerkmal wie die Klassifizierung eines Weins als Appellation contrôlée. Kalifornische Trockenpflaumen sind allerdings leichter zu bekommen, preiswerter und ebenso gesund. Sie wirken mild abführend und senken dank ihres Kaliumgehalts hohen Blutdruck. Dieser kräftige Drink passt gut zu einem Sonntagsbrunch mit Eiern, Schinken und Salami oder anderer herzhafter Wurst. Er verzögert Alterungsbeschwerden, schützt vor Krebs, stärkt das Herz und verlangsamt die Faltenbildung.

2–3 Portionen

4 Äpfel, mit Schale und Kerngehäuse geviertelt
4 Birnen, ungeschält
6 Trockenpflaumen, entsteint und eingeweicht
1 Dessertlöffel Lecithingranulat
1 Dessertlöffel Rohmelasse

1. Die Äpfel und Birnen waschen und entsaften.
2. Die Pflaumen im Mixer pürieren.
3. Apfel- und Birnensaft zu den Pflaumen geben und gut verrühren.
4. Lecithingranulat und Melasse zugeben und nochmals durchmixen.

Vitalstoff- und Kohlenhydrat-Bilanz

Das Getränk hat einen mittleren Kohlenhydratgehalt, ist aber reich an **Antioxidanzien**. Es enthält sehr viel **Vitamin C**, viel **Kalium** und etwas **Vitamin E**. Die Gesundheit profitiert auf vielerlei Weise. Der Saft regt die **Verdauung** an und lindert Beschwerden bei **Arthritis**, Rheumatismus und Gicht. **Lecithin** verbessert die **Gehirnfunktion** und das **Gedächtnis**. Eisen und Kalium aus der Melasse sowie der hohe Anteil der löslichen **Faserstoffe** aus Äpfeln und Birnen senken den **Cholesterinspiegel** und den Blutdruck.

Zitronen-Angostura-Tonic

Rosa Gin-Tonic – ohne Gin. Rosa Gin, mit und ohne Tonic, war während der Zeit der Maharadschas bei den englischen Kolonialisten in Indien ausgesprochen beliebt. Ich weiß nicht, ob sie ihn wirklich mochten oder ob Tonic und Bitter nur verstecken sollten, wie viel Alkohol sie zu sich nahmen. Probieren Sie den Drink einmal warm – Sie werden staunen, wie sanft er schmeckt.

2 Portionen
2 unbehandelte Zitronen
400 ml Tonic-Water
4 Spritzer Angostura-Bitter

1. Die Zitronen auspressen, zwei Streifen Schale aufbewahren.
2. Saft und Tonic miteinander verrühren und langsam erwärmen.
3. Angostura zugeben und mit Zitronenschale garnieren.

Vitalstoff- und Kohlenhydrat-Bilanz

Der Drink mit dem **minimalen Kohlenhydratgehalt** passt gut zu Curries, Chillies und anderen scharfen Gerichten. Der wichtigste Inhaltsstoff ist **Chinin**, das aus der Rinde des Cinchona-Baums gewonnen wird und als **Malaria-Mittel** verwendet wird. Einer Legende zufolge trank ein junger Mann Wasser aus einem Teich, in den Jahre zuvor ein solcher Baum gestürzt war. Stunden später sank sein hohes Fieber – das Chinin war entdeckt. Auch wenn die Geschichte erfunden sein mag, das Resultat ist real. Chinin wirkt aber auch **krampflösend** und damit **schmerzlindernd.** Die Zitronen steuern **Vitamin C** bei.

Gersten-Zitronen-Punsch

Dieses Rezept ist ein Klassiker aus England, der wegen seiner entschlackenden Wirkung von Kräutermedizinern seit Jahrhunderten geschätzt wird. Besonders wirksam ist er bei Beschwerden der Harnwege, lindert aber auch Hautbeschwerden, vor allem Probleme fettiger Haut. Die drei Kräuter erhöhen die reinigende Wirkung. Die Gerste hat einen hohen Faserstoffgehalt, der fast ein Drittel des täglichen Bedarfs deckt und die Verdauung anregt. Dies ist ein gesundes Getränk für die ganze Familie.

4 Portionen
135 g Gerstengraupen
55 g hellbrauner Zucker
2 unbehandelte Zitronen
1,2 l Wasser
1 Hand voll Ringelblumenblüten, Löwenzahn- oder Majoranblätter
Eiswürfel

1 Graupen waschen und in einen Krug geben.
2 Den Zucker in eine Schüssel geben. Die Zitronen unter warmem Wasser abbürsten, die Schale abreiben und zum Zucker fügen. Vermischen und zur Gerste geben.
3 Das Wasser aufkochen und über Gerste, Zucker und Zitronenschale gießen. Gut umrühren und abkühlen lassen.
4 Die Zitronen auspressen, den Saft zur Gerstenmischung geben. Nochmals umrühren, dann alles durch ein feines Sieb gießen. Ringelblumenblüten, Löwenzahn- oder Majoranblätter sind eine würzige Dekoration.
5 Mit reichlich Eiswürfeln servieren.

Vitalstoff- und Kohlenhydrat-Bilanz

Der Wert dieses Drinks liegt in der **entschlackenden** Wirkung der **sekundären** Pflanzenstoffe in Ringelblumen, Löwenzahn und Majoran, daneben enthält er noch reichlich **Vitamin C**, das ebenfalls reinigend wirkt. Die Zitronenschale steuert entschlackende und schützende **Bioflavonoide** bei. Neben **Faserstoffen** enthält die Gerste mittlere Mengen **Vitamin B**, einige Spurenelemente sowie etwas **Protein**. Das traditionelle Getränk kann auf künstliche Farb-, Geschmacks- und Konservierungsmittel gut verzichten.

Kräutergarten

Wie der Duft eines blühenden Kräutergartens vereint dieser Drink belebende und beruhigende Aspekte. Er enthält kaum Kohlenhydrate, passt gut zu Salaten und Gemüsegerichten und tut Körper, Geist und Seele gleichermaßen gut. Er verbessert das Gedächtnis, wirkt entschlackend und durch den Salbei auch mild antiseptisch.

3–4 Portionen

1 Hand voll Petersilie mit Stielen
6 Salbeiblätter
2 TL Rosmarinblätter, vom Stiel abgestreift
1 kleiner Zweig Thymian, Blätter abgestreift
4 Möhren, möglichst aus Bioanbau, Spitze und Blattansatz entfernt
3 Selleriestangen mit Blättern

1 Alle Zutaten waschen und entsaften.
2 Vor dem Servieren gut durchrühren.

Vitalstoff- und Kohlenhydrat-Bilanz

Superreich an **Vitamin A** und **Carotinoiden**, reich an **Vitamin C** und **Folsäure**, enthält **Kalium**, **Kalzium** und kleine Mengen anderer **B-Vitamine**. Durch die natürlichen, entwässernden Eigenschaften von Sellerie und Petersilie wirkt der Drink kräftig **entschlackend**. Salbei regt die Leberfunktionen an, Rosmarin verbessert **Gedächtnis** und **Konzentration**, Thymian ist ein gutes **Antiseptikum**. Ein ausgezeichneter Alround-Gesundheitsdrink!

Schwungrad

Zum Sammeln von Brennnesseln sind Handschuhe zu empfehlen, doch keine Sorge, der Saft brennt nicht. Brennnesseln werden seit Urzeiten als Heilkräuter eingesetzt, schon im ersten Jahrhundert n. Chr. schwor der griechische Arzt Dioscorides auf ihre Wirkung. Möhren und Spinat stärken das Immunsystem; insgesamt ist dies ein echter Krafttrunk.

2–3 Portionen

1 Bund junge, hellgrüne Brennnesseln
2 Kochäpfel (z.B. Bramley's), mit Schale und Kerngehäuse geviertelt
3 Möhren, möglichst aus Bioanbau, ohne Spitze und Blattansatz
1 Hand voll junger Blattspinat

1 Alle Zutaten waschen und entsaften.
2 Vor dem Servieren gut durchrühren.

Vitalstoff- und Kohlenhydrat-Bilanz

Da Kochäpfel weniger Zucker enthalten als Dessertäpfel, können Sie in diesem Drink all ihre Vorzüge genießen, jedoch mit **geringem Kohlenhydratanteil**. Ein prima Saft für die Lunchbox, auch wenn das »Kind« erwachsen ist. Superreich an **Vitamin A**, reich an **Vitamin C**, enthält **Kalzium**, **Kalium** und **Eisen**. Die **Flavonoide** in Spinat und Brennnesseln sorgen für die **Schutzwirkung**, während das Vitamin C der Äpfel die Eisenaufnahme erleichtert. Der Saft empfiehlt sich für stillende Mütter, weil er die **Milchproduktion** anregt, vor Eisenmangel schützt und **Energie** spendet.

Gute

Jeder leidet von Zeit zu Zeit an Schlafstörungen. Stress, Anspannung, Schmerzen, Verdauungsbeschwerden, ein fremdes Bett, ein schnarchender Partner – selbst das Wetter kann Schuld sein. Chronische Schlafstörungen zählen neben Müdigkeit und Erschöpfung zu den Hauptgründen für einen Arztbesuch. Als Ostheopath erschreckt mich immer wieder die Zahl der Menschen, die an Schlaflosigkeit und Rückenschmerzen gleichzeitig leiden. Sie sind seit 20 Jahren verheiratet, hatten sechs Autos, drei Fernseher, fünf Staubsauger und vier Rasenmäher – aber noch die gleiche Matratze wie in der Hochzeitsnacht. Auch die Ernährung kann den Schlaf stören. Wer hungrig ins Bett geht, wird unruhig schlafen. Eine schwere Mahlzeit am Abend dagegen kann Völlegefühl und Sodbrennen verursachen. Schlaftabletten oder Alkohol sind keine Lösung, sondern bestenfalls schlechte Krücken. Beide fördern zwar den Schlaf – aber die falsche Sorte. Ihnen fehlen die erfrischenden Traumphasen, darum wachen Sie am Morgen zerschlagen oder verkatert auf. Sorgen Sie gezielt für guten Schlaf. Das

Nacht

Drinks

beginnt mit regelmäßigen Gewohnheiten. Stellen Sie den Wecker jeden Morgen auf die gleiche Zeit, auch am Wochenende und im Urlaub. Versuchen Sie, abends immer zur gleichen Zeit ins Bett zu gehen. Probieren Sie pflanzliche Hilfsmittel ohne Gewöhnungsrisiko aus, etwa Baldrian, Hopfen oder Passionsblume. Nehmen Sie abends ein warmes Bad mit einigen Tropfen eines ätherischen Öls, etwa Lavendel, Kamille oder Rose. Auch Yoga, Meditation oder gezielte Entspannungsübungen lohnen den Versuch. Eine entspannende Massage kann Wunder wirken und ist mit einem guten Buch leicht selbst zu erlernen. Und natürlich ist Sex eines der besten Mittel gegen Schlaflosigkeit. Welche Lösung Sie auch wählen: Gehen Sie konsequent vor und geben Sie nicht zu schnell auf. Die Drinks im folgenden Kapitel können Ihnen zu einem gesunden, tiefen Schlaf verhelfen. Keiner zieht Ihnen brutal die Füße weg oder lässt Sie morgens verkatert aufwachen. Sie fördern die Entspannung, lösen Verkrampfungen und bereiten den Körper physisch und geistig auf die Nachtruhe vor.

Sellerie-Trunk mit Roter Bete

Unter Männern heißt es gelegentlich, Sellerie gebe »Tinte auf den Füller«. Dieser Gedanke hat weniger mit Wissenschaft zu tun als mit der Signaturenlehre der alten Kräuterkundler, die Pflanzen aufgrund ihrer Form bestimmte Wirkungen zuschrieben. Dass Rote Bete dem Blut ausgesprochen gut tut, ist hingegen wissenschaftlich erwiesen.

2 Portionen

4 Selleriestangen, möglichst mit Blättern

250 ml selbst gemachter Saft aus 4 großen Roten Beten (oder hochwertiges Fertigprodukt)

1 kleine Hand voll glatte Petersilie

1 Die Selleriestangen waschen und entsaften.

2 Den Saft durch ein Sieb gießen, wenn er viele Fäden enthält.

3 Falls verwendet, die gewaschene Rote Bete entsaften.

4 Die Säfte verrühren.

5 Die Petersilienblätter von den Stielen zupfen, waschen, fein hacken und auf den Saft streuen.

Tipp: Dieser Saft schmeckt auch warm gut. In Becher oder hitzefeste Gläser gießen und mit der Petersilie bestreuen.

Vitalstoff- und Kohlenhydrat-Bilanz

Die **ätherischen Öle** des Selleries **beruhigen** die Nerven und **entspannen** den Geist – ideal bei Schlaflosigkeit durch Anspannung. Rote Bete war schon in der griechischen Antike als hochwirksames **Blutreinigungsmittel** bekannt. Sie fördert die **Sauerstoffaufnahme** des Blutes und ist dadurch ein hervorragendes **Stärkungsmittel**. Selleriesaft enthält **nahezu keine Kohlenhydrate**, der Saft der Roten Bete hat jedoch einen recht hohen Gehalt an **natürlichem Zucker**.

Knoblauch-Schlafmütze

Salatblätter enthalten ein Soporifikum, eine opiat-ähnliche Substanz, die gegen Schlaflosigkeit hilft. Das Getränk wirkt beruhigend und hilft, Anspannung abzulegen, die so oft am Einschlafen hindert.

1 Portion
350 g gemischte Salatblätter
1 unbehandelte Limette mit Schale
1 Knoblauchzehe, geschält
2 Möhren, möglichst aus Bioanbau, Spitze und Blattansatz entfernt

1 Salatblätter und Limette waschen.
2 Alle Zutaten entsaften.
3 Vor dem Servieren gut durchrühren.

Vitalstoff- und Kohlenhydrat-Bilanz

Reich an **Vitamin A**, **C** und **E**, enthält **Chlorophyll**, **Magnesium**, **Kalium** und **Silizium** sowie als Extrabonus Inhaltsstoffe, die das Haar gesund halten. Genießen Sie die **beruhigenden**, natürlichen Opiate im Salat, die **Schwefelbestandteile** im Knoblauch und die **Bioflavonoide** der Limette, die den Kreislauf **anregen**. Dieser Trunk wird Ihnen Ruhe schenken.

Gerstentrank

Fertiggetränke mit Gerstenauszügen sind kein Vergleich zu diesem warmen Schlummertrunk. Traditionell wird Gerstentrank bei Blasenentzündung und anderen Beschwerden der Harnwege empfohlen, er erleichtert aber auch das Einschlafen. Sein besonderer Vorteil besteht darin, dass man sogar bei einer Blasenentzündung die nächtlichen Ausflüge ins Bad meist vergessen kann.

4 Portionen
55 g Gerstengraupen
1 große, ungehandelte Zitrone
1 großer EL Honig

1 Die Graupen mit 850 ml Wasser in einen Topf geben.
2 Die Zitrone in dünne Scheiben schneiden und zufügen.
3 30 Minuten köcheln lassen.
4 Durch ein Sieb gießen, den Honig einrühren. In Becher füllen und servieren.

Vitalstoff- und Kohlenhydrat-Bilanz

Gerste wird meist unterschätzt. Während der Verdauung wird sie sehr langsam in Zuckerstoffe umgewandelt, sie hat also einen niedrigen GI und eignet sich gut für die kohlenhydratarme Ernährung. Zudem liefert sie wertvolles Kalzium, Kalium und B-Vitamine. Das älteste Kulturgetreide hat einen hohen Faserstoffgehalt und löst durch seinen Stärkeanteil die Ausschüttung des natürlichen Einschlaf-Hilfsstoffes Tryptophan im Gehirn aus. Honig ist in der Volksheilkunde als Schlafmittel bekannt. Er harmoniert gut mit den übrigen Zutaten dieses Getränks.

Petersilien-Ginseng-Traum

Ginseng gilt zwar als Anregungsmittel, doch in so schwacher Dosierung hält er während des Schlafs nur den Stoffwechsel in Gang, sodass einige überschüssige Kalorien vom Vortag verbrannt werden. Dieser Tee mag nicht verführerisch duften oder schmecken, doch er ist anderen Tees weit überlegen. Ginseng und Petersilie haben als Heilmittel eine lange Geschichte, Melasse liefert wertvolle Mineralien. Wer diesen Tee einmal probiert hat, wird ihn öfter zubereiten.

2 Portionen

4 gehäufte TL frische Petersilie, gewaschen und gehackt (oder 2 TL getrocknete Petersilie)
1 TL flüssiger Ginseng-Extrakt
2 TL Melasse

1. Die Petersilie in eine saubere Teekanne geben.
2. Mit 500 ml kochendem Wasser übergießen.
3. 10 Minuten ziehen lassen.
4. Durch ein Sieb in Becher gießen.
5. Ginseng-Extrakt gemäß Packungshinweis auflösen.
6. Mit Melasse süßen.

Vitalstoff- und Kohlenhydrat-Bilanz

Der hohe **Kaliumgehalt** der Petersilie wirkt **beruhigend** und unterstützt den Körper während der Nacht bei **Reinigung**, Wachstum und Reparaturfunktionen. **Kalium** hilft auch, schmerzhafte nächtliche **Wadenkrämpfe** zu vermeiden. Petersilie liefert ferner **Vitamin C** und **Eisen**. Ginseng wird in China seit 5000 Jahren als **Aphrodisiakum** eingesetzt, und vielleicht verhilft es Ihnen zu einem romantischen und **entspannenden** Beginn der Nacht. Der winzige Anteil **Rohzucker** in der Melasse spielt keine Rolle.

Lavendelsahne

Bei Lavendel denken die meisten Menschen an Leinensäckchen im Wäscheschrank oder Großmutters Duftwasser. Lavendel als Gewürz finden sie eher befremdlich, dabei wird das Kraut seit Jahrtausenden auch in der Küche verwendet. Es passt gut zu duftenden Getränken, kann aber auch Plätzchen, Kuchen und Eiscreme würzen.

1 Portion
140 ml fettarme Milch
55 ml Sahne
2 Lavendelstiele mit Blüten

1 Milch und Sahne in einen Topf gießen.
2 Den gewaschenen Lavendel zugeben.
3 Behutsam zum Kochen bringen.
4 Den Lavendel herausfischen.
5 Bei Bedarf vor dem Servieren durch ein Sieb gießen.

Vitalstoff- und Kohlenhydrat-Bilanz

Die **ätherischen Öle** des Lavendels sind vor allem als **Heilmittel bei Kopfschmerzen** bekannt. Lavendel ist aber auch ein gutes **Antiseptikum** und ein **Stärkungsmittel** für das zentrale Nervensystem. Für Menschen, deren Schlafstörungen durch Stress, Anspannung oder Depressionen verursacht werden, ist dieses Getränk ein wahres **Elixier**. Lavendel ist eine ausgezeichnete **Einschlafhilfe**, schon der Duft kann Wunder wirken.

Gemüsebrühe

Wer auf warme Milch als Schlummertrunk schwört, sollte diese Brühe einmal probieren. Das Rezept klingt nach einer Suppe – doch was ist der Unterschied zwischen einer Suppe und einem heißen Getränk? Die klare, nährstoffreiche Bouillon eignet sich auch als Basis für andere Gerichte und Getränke. Wer sie probiert hat, wird salzige Instant-Brühen stehen lassen. Man kann sie gut in Eiswürfelformen einfrieren und hat immer eine passende Menge zur Hand, um einen heißen Drink zu bereiten.

6 Portionen

1 große Möhre, möglichst aus Bioanbau, Spitze und Blattansatz abgeschnitten
1 große Zwiebel, mit Schale geviertelt
1 Speiserübe, gewaschen und geviertelt
1 Porreestange mit dem grünen Teil, gründlich gewaschen
2 Zweige Minze
6 große Stiele Petersilie

1. Alle Zutaten in einen großen Topf geben.
2. 850 ml Wasser zugießen.
3. Aufkochen, dann 1 Stunde köcheln lassen.
4. Durch ein Sieb gießen und servieren.

Vitalstoff- und Kohlenhydrat-Bilanz

Die Brühe enthält nahezu **keine Kohlenhydrate**, kann aber als eine der fünf empfohlenen Portionen Obst und Gemüse am Tag gelten. Der **Gesundheit** tut sie sehr gut. Porree **schützt vor Infektionen** durch Bakterien und Pilze und lindert Infektionen der Atemwege. **Beta-Carotin** aus Möhren nützt den Augen. Petersilie wirkt mild **entwässernd**, frische Minze lindert **Verdauungsbeschwerden** schnell. Dies ist ein guter **Schlaftrunk**, wenn Sie an Erkältung oder einer anderen akuten Infektion leiden.

Kamillen-Lindenblüten-Tee

Kamille und Lindenblüten – Sie werden sich schon anstrengen müssen, damit Ihnen ein besseres natürliches Schlafmittel einfällt. Kräuterheilkundlern zufolge ist dies das absolute Dream-Team: ohne Nebenwirkungen und für jedes Alter geeignet. Der Tee hilft vor allem Kindern, wenn sie wegen Kopfschmerzen, Fieber, Husten, Erkältung und allgemeiner Unruhe keinen Schlaf finden. Kamille schmeckt in Kombination mit Lindenblüten und Honig gleich viel interessanter.

1 Portion
$^{1}/_{2}$ TL getrocknete Kamillenblüten
$^{1}/_{2}$ TL getrocknete Lindenblüten
2 TL Lindenblüten-Honig

1. Kamillen- und Lindenblüten in einen Krug oder ein Teenetz geben.
2. Mit 250 ml kochendem Wasser übergießen.
3. Abdecken und 5 Minuten ziehen lassen.
4. In einen sauberen Becher abgießen.
5. Nach Geschmack mit Honig süßen.

Vitalstoff- und Kohlenhydrat-Bilanz

Seit Kräuterheilkundler Kamille in den Garten von Königin Elisabeth I pflanzten, wird Kamille viel genutzt. Ihr wichtigster Inhaltsstoff ist das Chamazulen, das nicht nur Fieber senkt, sondern auch bei Schlaflosigkeit Hilfe bringt. Lindenblüten sind in Europa ebenfalls seit dem Mittelalter beliebt. Heute serviert man den Tee in trendbewussten Cafés und Teestuben.

Schlaf-Traum

Ein Saft zum Zurücklehnen. Eisbergsalat enthält im Vergleich zu den dunkelgrünen und roten Salatsorten recht wenig Nährstoffe, macht aber im Kühlschrank nicht so schnell schlapp. In Frischhaltefolie gewickelt, hält er sich bis zu zwei Wochen. Er schmeckt milder als andere Sorten und hat den höchsten Gehalt an natürlich-beruhigenden Stoffen. Wer angespannt oder gereizt ist, sollte ihn unbedingt probieren.

2–3 Portionen
$^{1}/_{2}$ Eisbergsalat
3 Äpfel, mit Schale und Kerngehäuse geviertelt
1 unbehandelte Zitrone, dünnschalige Frucht ungeschält

1 Alle Zutaten zusammen entsaften.
2 Vor dem Servieren gut durchrühren.

Vitalstoff- und Kohlenhydrat-Bilanz

Hoher Gehalt an **Vitamin C** und **Folsäure**, dazu **Vitamin A**, **Eisen**, **Kalzium**, reichlich **Kalium** und wertvolle schützende **Flavonoide**. Salat enthält Stoffe, die man als Lactone bezeichnet und die schon bei den Assyrern als mildes **Schlafmittel** bekannt waren. Der Saft wirkt **beruhigend** und **stärkend** und eignet sich gut für Kinder, die sich von einer Krankheit erholen.

Minz-Joghurt

Ich erwarte nicht, dass Sie Joghurt als entspannendes Lebensmittel kennen. Auch Minze ist nicht gerade als Beruhigungsmittel bekannt. Pfefferminze, die am häufigsten verwendete Minze-Art, hat ein scharfes, frisches und anregendes Aroma. Doch erwärmt man beide Zutaten zusammen, erhält man einen köstlichen, nahrhaften und entspannenden Abendtrank.

1 Portion

140 ml flüssiger Naturjoghurt mit lebenden Kulturen
100 ml fettarme Milch
3 Zweige frische Minze, vorzugsweise Pfefferminze, plus 2 Blätter zum Garnieren

1. Joghurt, Milch und Minzezweige in einen Topf geben.
2. Auf kleinster Stufe 10 Minuten erwärmen.
3. Die Minze herausschöpfen.
4. In einen Becher gießen und mit den Minzeblättern garnieren.

Vitalstoff- und Kohlenhydrat-Bilanz

Milch und Joghurt enthalten Kalzium, das auf natürliche Weise entspannt und das Gehirn zur Ausschüttung von beruhigendem Tryptophan anregt. Die wichtigsten Inhaltsstoffe der Minze sind Menthol und Menthon; sie leisten wertvolle Hilfe bei Verdauungsbeschwerden, wirken aber auch sehr entspannend. Neben gutem Schlaf gewinnen Sie durch das Kalzium der Milchprodukte noch eine Portion Knochengesundheit.

Basilikum-Tee

Kräutertees, genau genommen Kräuteraufgüsse, zählen zu den unkompliziertesten und wirkungsvollsten Heilkräuteranwendungen für den Hausgebrauch. Sie werden seit Jahrtausenden verwendet und können bei vielen Beschwerden Linderung bringen. Hier folgt ein Rezept mit Basilikum, einem der beliebtesten und köstlichsten Würzkräuter, das im ganzen Mittelmeerraum auch wegen seiner beruhigenden und schlaffördernden Wirkung geschätzt wird.

1 Portion
2 gehäufte TL frische, zerpflückte Basilikumblätter
oder
2 gehäufte TL getrocknetes Basilikum

1 Die Kräuter in einen Krug oder einen Becher geben.
2 Mit 200 ml kochendem Wasser übergießen.
3 Abgedeckt 10 Minuten ziehen lassen.
4 Vor dem Servieren durch ein Sieb gießen.

Vitalstoff- und Kohlenhydrat-Bilanz

Basilikum gibt es in vielen Sorten, die leicht im Topf oder Garten zu ziehen sind. Im **Gesundheitswert** unterscheiden sie sich kaum. Basilikum enthält **ätherische Öle**, etwas **Beta-Carotin** und **Vitamin C**. Es wirkt **entspannend**, aber auch **entschlackend** und **antibakteriell**, entlastet die Nieren und **lindert Beschwerden** der Harnwege.

Schlafsalat

Ein häufiger Grund für Einschlafstörungen ist eine zu späte, zu reichliche Mahlzeit. Sodbrennen, Völlegefühl, Blähungen und ein grummelnder Magen sind schlechte Voraussetzungen für acht Stunden erholsamen Schlaf. Wer jedoch zu einem Abendessen oder einer Feier eingeladen ist, kann sich wappnen und die folgenden Zutaten bereitstellen, um sich einen entlastenden Schlaftrunk zu brauen.

2–3 Portionen

1 Mini-Romana-Salat (Little Gem)

500 ml Gemüsebrühe (Rezept Seite 97 oder salzarmes, biologisches Fertigprodukt)

1 TL Fenchelsamen

1. Den Salat waschen und in feine Streifen schneiden.
2. Mit der Brühe in einen Topf geben.
3. Aufkochen und 5 Minuten köcheln lassen.
4. Inzwischen die Fenchelsamen fein zerdrücken.
5. In den Topf geben und 2 Minuten mitkochen.
6. Durch ein Sieb gießen, um den Salat zu entfernen.
7. Warm servieren.

Vitalstoff- und Kohlenhydrat-Bilanz

Fenchelsamen gelten als Wunderwaffe gegen **Verdauungsbeschwerden**. Fencheltee ist so mild, dass er sogar Säuglingen gegen **Blähungen** verabreicht werden kann. Salat mag als Zutat für einen Schlaftrunk verblüffend klingen, doch der klebrige Saft von Strunk und Blattrippen ist seit der Antike als **Einschlafhilfe** bekannt. Damals verwendete man wilden Salat, der **morphinähnliche Substanzen** enthielt. Diese Stoffe sind in geringeren Mengen auch in unseren heutigen Kopfsalaten enthalten.

Goldene Mandelmilch

Dieser Schlaftrunk quillt vor Nährstoffen fast über. Er enthält reichlich Proteine, Mineralien und Phytohormone, dazu kommt die schützende Wirkung von Honig. Der Safran gibt ihm eine herrliche Farbe, hellt aber auch die Stimmung auf und fördert die Verdauung. In Asien nehmen fast alle Frauen täglich Sojaproteine zu sich. Man nimmt an, dass dieser Nahrungsbestandteil wirksam vor Herzkrankheiten, Osteoporose, Hitzewallungen und anderen Beschwerden der Menopause schützt.

1–2 Portionen
450 ml Sojamilch
2 große TL flüssiger Honig
1 große Prise Safran
1 EL gemahlene Mandeln
1 TL Mandelblättchen, leicht geröstet

1 Die ersten vier Zutaten in einen Mixer geben.
2 Zu einer glatten Mischung zerkleinern.
3 In Gläser füllen und mit den Mandelblättchen garnieren.

Vitalstoff- und Kohlenhydrat-Bilanz

Safran enthält Saffronal, Cinelle und Crocine, die antidepressiv wirken und die Stimmung aufhellen. Er wirkt reinigend, indem er die Menstruation anregt und so die Ablagerung von Schlackenstoffen verhütet. Die Phytoöstrogene in Sojamilch haben hormonähnliche Wirkung und sollen besonders Frauen gut tun. Sojaextrakt ist zwar heute auch in Tablettenform erhältlich, doch generell nimmt man Nährstoffe besser aus der Nahrung als durch Tabletten zu sich. Mandeln enthalten viel Fett (folglich viele Kalorien), aber nur wenig Kohlenhydrate. Wie alle Nüsse liefern sie reichlich Vitamin E, essenzielle Fettsäuren und Mineralien.

He

Nicht umsonst heißt die Medizin auch »Heilkunst«. Medizin ist tatsächlich eine Kunst, und ihr Zweck ist die Heilung. In unserer modernen High-Tech- und Wissenschaftswelt vergessen wir aber zu leicht, dass die ersten Heilmittel in der Küche entstanden sind. Unsere Vorfahren wussten um die Wirkung solcher Arzneien, für deren Zubereitung Medizinmänner und weise Frauen, Priester, Mönche und andere Personen mit besonderen Kenntnissen zuständig waren. Aus diesem reichen Wissensfundus entwickelten die späteren Kräuterheilkundler verfeinerte, präzisere Zubereitungen. Noch im frühen 20. Jahrhundert blühte die Kräuterheilkunde, die Ärzte verschrieben vorwiegend Medikamente auf Kräuterbasis, und jede Mutter besaß das Grundwissen, um einfache Heil-

ilende

Drinks

mittel in der Küche herzustellen. Dann kam die pharmazeutische Revolution und drängte die Kräuter in den Hintergrund. Im 21. Jahrhundert, in dem Computer fast alle Lebensbereiche steuern können, schließt sich der Kreis, und die Menschen besinnen sich wieder auf den Wert der Pflanzen für die Behandlung verschiedener Krankheiten – von Arthritis bis Krebs. In diesem Kapitel erfahren Sie mehr über die Heilwirkung von ganz alltäglichen Früchten, Gemüsen, Kräutern und Blüten, die in den meisten Küchen oder Gärten zu finden sind. Ob Kopfschmerzen oder Kater, Blähungen oder Grippe, Wassereinlagerungen oder Falten: Für die meisten Wehwehchen gibt es einfache, schmackhafte und wirksame Lösungen – mit wenigen Kohlenhydraten.

Hopfentee

In der römischen Antike wurde Hopfen als Gemüse geschätzt, für die Bierbrauerei wird er erst seit dem Mittelalter verwendet. Er ist hauptsächlich als Schlafmittel bekannt und diente über Jahrhunderte als Füllung für Kopfkissen, um Kindern wie Erwachsenen das Einschlafen zu erleichtern. Hopfen hat aber noch andere wertvolle Inhaltsstoffe, deretwegen er hier erwähnt werden soll. Wer genug Platz hat, die Pflanze im Garten zu halten (sie gedeiht auch im Kübel), kann die jungen Triebe wie Spargel zubereiten. Sie schmecken köstlich und enthalten viel Eisen.

1 Portion
1 EL getrockneter Hopfen (oder 1 Aufgussbeutel Hopfentee)
1 TL Ahornsirup

1 Den Hopfen in einen Krug geben und mit 250 ml kochendem Wasser übergießen. 5 Minuten ziehen lassen.
2 Wer einen Teebeutel verwendet, bereitet den Tee gemäß Packungsaufschrift zu.
3 Den Beutel aus dem Tee nehmen oder den Tee durch ein Sieb gießen.
4 Nach Geschmack mit Ahornsirup süßen.

Vitalstoff- und Kohlenhydrat-Bilanz

Müdigkeit und Erschöpfung wurden oft durch eine schlechte Verdauung und eine daraus resultierende ungenügende Nährstoffausnutzung verursacht. Die **ätherischen Öle** des Hopfens regen den **Appetit** und die **Verdauung** an. Dadurch wird die **Vitalität** gefördert, denn man isst besser und nutzt die **Nährstoffe** der Speisen optimal aus.

Eiertee

Dies ist ein Eierpunsch auf gesunde Art – ohne Alkohol. Das rohe Ei für das Rezept sollte unbedingt aus organischer Produktion stammen und salmonellenfrei sein. Für schwangere Frauen, kleine Kinder und Personen, die an einer schweren oder chronischen Krankheit leiden oder ständig Medikamente nehmen müssen, ist dieses Rezept nicht geeignet. Im späten 19. Jahrhundert war Eiertee ein bekanntes Aufbaumittel für Kranke: Der Tee regt mild an, das Eigelb steckt voller Nährstoffe.

1 Portion
1 Ei
Darjeeling-Tee oder Aufgussbeutel (Menge für 1 Person)
Zucker nach Geschmack

1. Das Ei trennen, das Eiweiß anderweitig verwenden.
2. Das Eigelb hell cremig aufschlagen.
3. Den Tee gemäß Packungsanweisung aufbrühen.
4. Den Eierschaum in einen Becher gießen, den Tee zufügen.
5. Gut umrühren und nach Geschmack süßen.

Vitalstoff- und Kohlenhydrat-Bilanz

Wer sich unwohl fühlt und überhaupt keinen Appetit hat, sollte darauf achten, dass selbst die kleinsten Nahrungsmengen echte **Kraftpakete** sind. Eigelb ist die beste natürliche Quelle für **Lecithin**, das für viele **Stoffwechselvorgänge** unerlässlich ist. Es **schützt vor Herzkrankheit** und erleichtert es dem Körper, Fett in dringend benötigte Energie umzuwandeln. Das mild anregende **Koffein** im Tee ergänzt die Wirkung der **Vitamine** und **Mineralien**. Tee enthält zudem **Antioxidanzien**, die freie Radikale bekämpfen und das Immunsystem stärken.

Super-Sellerie

Stangensellerie ist streng genommen keine großartige Quelle für Vitamine und Mineralien, wenngleich er kleine Mengen Folsäure und Kalium enthält. Wer ungebleichten Stangensellerie kauft und auch die Blätter mitisst, nimmt außerdem etwas Beta-Carotin zu sich.

2 Portionen
2 große Stauden Stangensellerie mit Blättern
1 TL zerstoßene Selleriesamen

1. Die oberen Teile der Selleriestauden abschneiden, 2 Blätter beiseite legen. Die äußeren Stangen ablösen, die Herzen für Salat verwenden oder dünsten.
2. Die oberen und äußeren Stangen in Stücke schneiden und in einen mittelgroßen Topf geben.
3. Mit 600 ml Wasser übergießen.
4. Aufkochen und 1 Stunde köcheln lassen.
5. Abgießen, in hitzefeste Gläser füllen und mit Sellerieblättern garnieren.

Vitalstoff- und Kohlenhydrat-Bilanz

Sellerie wurde von römischen Ärzten gepriesen und war auch im Mittelalter sehr beliebt. Er wirkt mild **entwässernd** und wird zur **Behandlung** von Beschwerden **der Nieren** und der **Harnwege** eingesetzt. Seine Heilwirkung beruht auf **ätherischen Ölen**, die beruhigen und auch Anspannungen lösen. Sellerie ist ein echtes **Schlankheitsgemüse**: Wer ihn roh isst, verbraucht durch das Kauen wahrscheinlich mehr Kalorien, als er zu sich nimmt. Vielleicht wussten Sie noch nicht, dass sowohl den Samen als auch dem Gemüse eine mild **aphrodisierende Wirkung** zugeschrieben wird. Das ist für einen so gesunden, **kohlenhydratarmen** Drink doch gar nicht schlecht.

Zitronenverbenen-Tee

Zitronenverbene ist eine Pflanze, die Sie unbedingt anbauen sollten. Sie gedeiht im Topf, verträgt aber keinen Frost und muss darum im Gewächshaus oder Wintergarten überwintert werden. Sie kann bis zu 3 Meter hoch und 2,4 Meter breit werden, braucht im Garten aber einen geschützten Standort und als Winterschutz eine dicke Mulchschicht auf den Wurzeln. Die Blätter haben einen wunderbaren Zitronenduft und lassen sich leicht trocknen.

1 Portion
2 TL frische, gehackte Zitronenverbenenblätter (oder 1 Aufgussbeutel)
2 Tropfen Vanillearoma

1. Frische Verbene in einen Krug geben.
2. Mit 250 ml kochendem Wasser übergießen.
3. Abdecken und 10 Minuten ziehen lassen, dann durch ein Sieb gießen.
4. Aufgussbeutel nach Packungsanweisung aufbrühen, den Beutel aus dem Tee nehmen.
5. Vanillearoma einrühren und servieren.

Vitalstoff- und Kohlenhydrat-Bilanz

Die Pflanze aus Südafrika ist seit langer Zeit als mildes Beruhigungsmittel bekannt. Dank ihres hohen Gehalts der ätherischen Öle Limonen und Geraniol wirkt sie lindernd bei Depressionen. Wer eine eigene Pflanze besitzt, kann die frischen oder getrockneten Blätter auch zum Würzen von Obstkompott oder Eiscreme verwenden. Außerdem liefert der Strauch rund ums Jahr kohlenhydratarmen Tee und herrlich duftende Potpourris.

Trauben mit Sellerie

Die meisten Menschen würden Sellerie zu einem Stück Käse essen oder an einen Salat mit Wachteleiern und Radieschen geben. Zweifellos, so schmeckt er gut. Relativ unbekannt ist jedoch, dass Sellerie auch ein wirkungsvolles Diuretikum ist und seit Jahrtausenden in der Naturheilkunde bei unangenehmen Wassereinlagerungen verwendet wird.

2 Portionen
1 EL zerdrückte Selleriesamen
300 ml heller Traubensaft
4 kleine, helle, dünnschalige Weintrauben ohne Kerne

1 Die Selleriesamen in einem Mörser sehr fein zerstoßen.
2 Mit dem Traubensaft in einen Topf geben.
3 Langsam erhitzen, dann in hitzefeste Gläser gießen.
4 Die Trauben waschen, halbieren und zur Garnierung des Getränks verwenden.

Vitalstoff- und Kohlenhydrat-Bilanz

Schon vor über 5000 Jahren, also lange vor Hippokrates, wussten die Chinesen um die **beruhigende Wirkung** der Selleriesamen. Ob mit der Nahrung oder als Getränk genossen: Sie sind ein guter **Stresskiller**. Trauben sind nahrhaft und geben **Energie**, darum sind sie besonders nach längeren Phasen von Stress und Anspannung zu empfehlen. Obendrein gelten sie als das Obst, das am besten vor **Krebs schützt**.

Die gute alte Hühnersuppe

Was kann besser aufrichten als ein Becher kristallklarer, anregender Hühnersuppe, die heilt und das Immunsystem anregt? Interessant ist, dass ein dampfender Topf Hühnersuppe in aller Welt als Wunderwaffe gilt. In den traditionellen jüdischen Gemeinden im eisigen Sibirien ebenso wie im feucht-warmen Fernen Osten, im tropisch heißen Indien wie in den gemäßigten Zonen Chinas ist Hühnersuppe – wie Jupiter – ein Freudenbote.

3 Portionen

1 Hühnergerippe, roh oder gegart
1 Porreestange
1 Fenchelknolle
450 g Wurzelgemüse aus Bioanbau (auch tiefgefroren)
1 große Hand voll gemischte Sommerkräuter

1. Das sichtbare Fett vom Hühnergerippe entfernen.
2. Porree und Fenchel waschen und vierteln.
3. Das Wurzelgemüse waschen und in große Würfel schneiden.
4. Hühnergerippe, Gemüse und gewaschene Kräuter in einen großen Topf geben.
5. Mit 850 ml kaltem Wasser bedecken.
6. Langsam zum Kochen bringen, dann 40 Minuten köcheln lassen.
7. Die Brühe durch ein feines Sieb gießen.
8. Sofort servieren.

Vitalstoff- und Kohlenhydrat-Bilanz

Wurzelgemüse enthalten reichlich Mineralien, Carotinoide und andere sekundäre Pflanzenstoffe. Der Großteil des Vitamin C geht zwar während der langen Garzeit verloren, doch die übrigen Nährstoffe werden an die Brühe abgegeben – zusammen mit den Inhaltsstoffen des Huhns, die das Immunsystem stärken und helfen, Virusinfekte zu bekämpfen.

Rinderbrühe

Ja, diese Brühe braucht ihre Zeit, doch die Mühe lohnt sich. Als Getränk wärmt sie herrlich durch und liefert Energie, zudem ist sie die ideale Basis für Schmorgerichte und Eintöpfe. Im Sommer kann man sie geeist als Consommé servieren. Friert man sie in Eiswürfelformen ein, hat man jederzeit eine kleine Menge Brühe zum Kochen zur Hand.

Ergibt 2,4 Liter
900 g Rindersuppenfleisch
2 Möhren, gewaschen
3 Selleriestangen, gewaschen
1 große Zwiebel
3 Knoblauchzehen
1 großer Stiel Rosmarin
4 Stiele frischer Salbei
frisch gemahlener schwarzer Pfeffer

1. Das sichtbare Fett vom Fleisch entfernen, das Fleisch würfeln.
2. In einen großen Topf geben, mit kaltem Wasser bedecken und langsam zum Kochen bringen.
3. Das Fett aufsteigen lassen und abschöpfen.
4. 850 ml Wasser zugeben.
5. Die Möhren in große Stücke schneiden. Bio-Möhren müssen nicht geschält werden.
6. Die Selleriestangen grob hacken.
7. Zwiebel und Knoblauch ganz lassen, waschen und mit Möhren, Sellerie, Rosmarin und Salbei zur Brühe geben.
8. 2 Stunden leicht köcheln lassen, dann abkühlen und durch ein Mulltuch abseihen.
9. Zum Schluss nochmals erhitzen und mit Pfeffer abschmecken.

Vitalstoff- und Kohlenhydrat-Bilanz

Ein Becher dieser Brühe enthält mehr **Nährstoffe** als eine ganze Krankenhausmahlzeit. **Proteine**, **Enzyme** und **B-Vitamine** aus dem Rindfleisch sind nur der Anfang. Zwiebeln und Knoblauch, Rosmarin und Salbei steuern **ätherische Öle** und andere Wirkstoffe bei, die Bakterien-, Virus- und Pilzinfektionen bekämpfen. Außerdem ist die Brühe leicht verdaulich, also ideal für **Rekonvaleszenten**.

Muntermacher

Jetlag? Lange Überstunden? Ausgiebig gefeiert? Manchmal ist der Morgen danach die Hölle, aber das muss nicht so sein. Dieses Getränk kann keine Wunder wirken – doch es kommt dem nahe. Schon die alten Römer und Griechen wussten, dass die natürlichen Öle von Petersilie und Minze den Magen besänftigen und überspannte Nerven beruhigen. Mit klarem Blick und klarem Kopf, ohne verquollene Augen und bleiche Haut kommen Sie besser durch den Tag, als Sie für möglich gehalten hätten.

2 Portionen
1 mittelgroße gelbfleischige Melone
6 Minzeblätter mit Stielen
6 Spinatblätter, gut gewaschen
1 Hand voll Petersilie mit Stielen

1 Die Melone schälen und entkernen. Die Kräuter waschen.
2 Alle Zutaten entsaften.
3 Den Saft vor dem Servieren gut durchrühren.

Vitalstoff- und Kohlenhydrat-Bilanz

Dieser Drink ist superreich an **Kalium** und **Vitamin A** und wirkt dank der Petersilie entgiftend. Petersilie und Minze wirken positiv auf den gesamten **Verdauungstrakt** und **beruhigen** das zentrale Nervensystem. Melonensaft steckt voll wertvollem **Beta-Carotin**, außerdem kühlt und erfrischt er auf angenehme Weise.

Minzfrisch

Der würzig-scharfe Geschmack der Minze macht im Nu wach. Minze ist eines der beliebtesten Kräuter. Es gibt viele verschiedene Sorten, doch Pfefferminze hat einen besonders klaren und unverkennbaren Geschmack. Dieser kräftige Tee tut zu jeder Tageszeit wohl. Ein Löffel Honig macht ihn etwas milder.

1 Portion
3 große Zweige Pfefferminze
1 EL flüssiger Honig

1 Die Minze waschen und in einen Krug oder eine Kanne mit Einsatz geben.
2 Mit 250 ml kochendem Wasser übergießen.
3 10 Minuten ziehen lassen.
4 Durch ein Sieb gießen oder den Einsatz aus der Kanne nehmen.
5 Honig zugeben und unter Rühren auflösen.

Vitalstoff- und Kohlenhydrat-Bilanz

Ob Apfelminze, Ananasminze, Krauseminze, marokkanische Minze oder eine der vielen verwandten Sorten: Alle enthalten die ätherischen Öle **Menthol** und **Menthon**. Minze ist allgemein als Verdauungs-Heilkraut bekannt. Das ist richtig, doch die Pfefferminze **schützt** außerdem vor Infektionen. Auch dieser Tee enthält **sehr wenig Kohlenhydrate**.

Grüner Melonen-Drink

In der hiesigen Naturheilkunde gilt Melone als entschlackend, in der ayurvedischen Heilkunde wird sie als wirkungsvolles Diuretikum eingesetzt. Zudem wirkt sie kühlend und beruhigt die Verdauung. Durch den Zusatz von Brunnenkresse, Brokkoli und herben Kochäpfeln ist dieser »grüne« Saft besonders als Entschlackungsmittel für Männer geeignet, weil er die Testosteronproduktion ankurbelt. Er wirkt mild abführend, heilend und stärkt das Immunsystem.

2 Portionen
1/2 grünfleischige Melone
1 Kochapfel
85 g Brokkoliröschen
1 Hand voll Brunnenkresse

1 Die Melone schälen und entkernen.
2 Den Apfel waschen, entkernen und vierteln.
3 Brokkoli und Brunnenkresse waschen.
4 Alle Zutaten entsaften.
5 Vor dem Servieren gut durchrühren.

Vitalstoff- und Kohlenhydrat-Bilanz

Reich an **Vitamin A**, **C** und **E**, enthält **Folsäure**, **Magnesium** und **Kalium**, jedoch kaum Kohlenhydrate. Der Saft empfiehlt sich besonders für körperlich aktive Männer (und natürlich Frauen), die regelmäßig Sport treiben, weil er **Mineralstoff-Verluste** durch Schwitzen **ausgleicht**. Zur Entschlackung sollte er ein- bis zweimal wöchentlich getrunken werden. Brunnenkresse und Brokkoli steuern Nährstoffe bei, die **Krebs vorbeugen**.

Haut-Heiler

Gewiss, das Entsteinen der Kirschen ist etwas mühsam. Leisten Sie sich ein preiswertes Gerät, um sich diese Arbeit zu erleichtern. Es lohnt sich, denn einen köstlicheren Saft als diesen haben Sie vermutlich nie probiert. Wählen Sie unbedingt Süßkirschen, denn Sauerkirschen eignen sich eher zum Kochen. Je dunkler die Kirschen sind, desto höher ist ihr Gehalt an schützenden Naturstoffen.

1–2 Portionen
350 g Kirschen
2 Äpfel

1 Die Kirschen waschen und entsteinen.
2 Die Äpfel waschen, entkernen und vierteln.
3 Beide Fruchtsorten entsaften.
4 Vor dem Servieren gut umrühren.

Vitalstoff- und Kohlenhydrat-Bilanz
Superreich an **Vitamin C**, reich an **Carotinoiden**, enthält **Folsäure** und **Kalium**. Ein besonderer Vorzug dieses gesunden, kohlenhydratarmen Saftes ist sein hoher Gehalt an **Anthocyanen** und **Proanthocyanen**, die unter anderem das Kollagen der Haut **schützen** und die Hautregeneration **fördern**. Wer diesen Saft regelmäßig trinkt, braucht keine zweifelhaften Spritzen.

Honig-Petersilientee

Es ist definitiv ein Fehler, dass viele Menschen Petersilie als unbedeutendes Kraut betrachten, das bestenfalls zur Garnierung taugt. Probieren Sie einmal glattblättrige Petersilie, die man im Mittelmeerraum bevorzugt. Sie ist würziger und hat mehr Biss als die mooskrausen Sorten. Beide Sorten haben es aber nicht verdient, vom Teller auf den Komposthaufen zu wandern. Wer häufiger unter Wassereinlagerungen leidet, sollte die Petersilie näher kennen lernen.

1 Portion

1 EL frisch gehackte Petersilie oder 1 TL getrocknete Petersilie

1 großer TL flüssiger Honig

1. Die Petersilie in einen Krug oder eine Kanne mit Siebeinsatz geben.
2. Mit kochendem Wasser übergießen.
3. 10 Minuten ziehen lassen, dann abgießen.
4. Den Honig unter Rühren auflösen.
5. Sofort servieren.

Vitalstoff- und Kohlenhydrat-Bilanz

Abgesehen von ihrem hohen Gehalt an **Vitamin A** und **C**, **Eisen**, **Kalium** und **Kalzium** besitzt Petersilie eine spezifische medizinische Wirkung, deretwegen sie schon von den Ärzten der griechischen und römischen Antike eingesetzt wurde. Das Kraut ist ein **sanftes**, aber wirkungsvolles **Diuretikum** und empfiehlt sich besonders für Frauen, die an den Tagen vor Einsetzen der **Menstruation** unter schmerzhaft geschwollenen Füßen, Knöcheln, Fingern, Händen und Brüsten leiden.

Salbei-Aufwärmer

Es gibt zahllose Salbeisorten, doch mein persönlicher Favorit ist *Salvia officinalis* »Purpurescens«, der Purpursalbei. Er hat einen hohen Gehalt an ätherischen Ölen, der ihm die besondere Heilkraft verleiht. In der Küche wird vorwiegend der Spanische Salbei verwendet, der gut schmeckt, aber als Heilkraut wenig Wirkung besitzt.

1 Portion
1 großer Zweig Salbei
1/2 TL Ahornsirup

1. Den gewaschenen Salbei in einen Becher oder eine Kanne mit Siebeinsatz geben.
2. Mit 250 ml kochendem Wasser übergießen.
3. Abgedeckt 10 Minuten ziehen lassen, dann abgießen.
4. Den Sirup einrühren und servieren.

Vitalstoff- und Kohlenhydrat-Bilanz

Salbei enthält eine Reihe von **sekundären Pflanzenstoffen**, unter denen **Thujon**, **Cineol**, **Borneol** und **Salviatannin** die wichtigsten sind. Dieser Tee empfiehlt sich besonders für die kalte Jahreszeit, weil er **antiseptische** Wirkung besitzt und vor **Infektionen** von Hals und Atemwegen **schützt**. Salbeitee als **Gurgellösung** bei Halsschmerzen ist ein altes Hausmittel.

Heilkraft in Rot

Radieschen werden oft unterschätzt, dabei sind sie ausgesprochen wertvoll. Immerhin bezahlten die ägyptischen Pharaonen die Arbeiter, die die Pyramiden erbauten, mit Radieschen sowie mit Knoblauch und Zwiebeln. Wie alle Gemüse der Kohlfamilie enthalten auch Radieschen Stoffe, die Krebs vorbeugen. Der Saft mit dem mild-pfeffrigen Geschmack enthält außerdem mild harntreibenden Löwenzahn (oder Petersilie) sowie Möhren mit entschlackenden Inhaltsstoffen.

2–3 Portionen
4 mittelgroße Radieschen
6 Möhren, möglichst aus Bioanbau, Spitze und Blattansatz entfernt
6 Löwenzahnblätter oder
1 Hand voll Petersilie

1 Alle Zutaten waschen und entsaften.
2 Vor dem Servieren gut durchrühren.

Vitalstoff- und Kohlenhydrat-Bilanz

Reich an Vitamin A, Kalium und Schwefel. Enthält Vitamin C und Selen. Radieschen regen die Tätigkeit der Gallenblase an und fördern die Leberfunktion. Darum wirkt dieser Drink nicht nur heilend und entschlackend, sondern unterstützt auch die Fettverbrennung.

Sachregister

Rezeptregister